अराजकता, आकर्षण और ग्राहक

व्यक्तित्व-संचालित पेशेवर के लिए

Chris Charles Simone

979-8-90056-686-3

समर्पण

यह पुस्तक मेरी माँ, जोन क्लेयर सिमोन, 1940-2022 को समर्पित है।

वह एक प्यार भरे माहौल में तेरह बच्चों की माँ थीं। क्योंकि उनके पास इस किताब में बताए गए सभी हुनर थे और वह असल ज़िंदगी की सबसे बेहतरीन रिसेप्शनिस्ट थीं, इसलिए वह अपनी नज़रों के फेर से एक गुस्सैल, अजीब स्कोरकीपर को एक बुद्धिमान संशयवादी में बदल सकती थीं। मैंने अपने माता-पिता को 28 साल के अपने सपने को साकार होते हुए प्रत्यक्ष रूप से देखा। मैंने पूरी तरह से उनकी बात मान ली और कुछ भी नहीं बदला। शुक्रिया माँ, हज़ारों लोगों और उनकी विचित्रताओं, उम्मीदों और कमज़ोरियों को संभालने के लिए, ताकि दुनिया भर में अकेले लोगों को गर्मजोशी मिले और एक त्यागपूर्ण रवैया अपनाया जा सके।

पावती

इस किताब को लिखने में मेरी मदद करने वालों की सूची 25 साल पहले की है, जब एक सहकर्मी ने मुझे उस नज़र से देखा था जिसे मैंने पहली बार देखा था, और फिर सैकड़ों बार, और मुझे यह एहसास दिलाया कि मेरे पास बस मेरा व्यक्तित्व ही है। इन दिनों, मुझे शेरी हॉकिन्स, जेनिफर मूर और डेल पीटर्स जैसे लेखन मार्गदर्शकों से मदद मिली है।

मैं अपने भाई-बहनों जेम्स, रॉय, ईवा, पॉलेट, मोनिका, क्रिस्टीना, मैथ्यू, शॉन, मैरी, मागरिट, विव और एंड्रयू को धन्यवाद देती हूं, जिन्होंने खाने की मेज पर मेरी बातें सुनीं और देर रात तक मुझे जो पसंद है, उसके बारे में बात की।

और मेरे प्यारे चचेरे भाई-बहनों और चाचियों को धन्यवाद, जिन्होंने अपने दिल से सीधे मुझे सबसे अच्छी और बिना किसी रोक-टोक वाली प्रतिक्रिया दी।

मार्क मैकी, डेरेल मेसन, मार्क किंग, बिली टेरेबैरी, जॉर्डन ग्रीनो, क्रिस डॉब्सन, माइक हिल, मैथ्यू और जेसन स्ट्राडियोटो, मैथ्यू रश, मार्टिन लेयने, माइक लॉन्ग और मेरे पड़ोसियों टेड और पेनी का शुक्रिया, जिन्होंने मेरी बातें ध्यान से सुनीं और उनकी आँखों में बस प्यार था। कहते हैं कि सच्चा दोस्त वो होता है जो आपकी बातों का आनंद लेता है, चाहे आप कुछ भी कह रहे हों। मेरे सबसे अच्छे दोस्त, डीन स्मार्ट, रोज़ाना मेरी बातें सुनते थे, जब मैं सार्वजनिक भावनाओं को समझने की कोशिश में लगा रहता था, अपनी चालें बदलता,

बुनता और थिरकता रहता था; इसके लिए मैं आपका शुक्रिया अदा करता हूँ, मेरे भाई।

मेरे बच्चों मैकलेने, कैमरन, जोनास और निको का शुक्रिया, जो कभी-कभी मेरे गुस्सैल, अकेले, अजीब स्कोरकीपर से लेकर मेरी भावनाओं को समझने, आपसी सम्मान रखने और बार-बार हास्य-भावना रखने तक के मेरे बदलाव के साक्षी और भागीदार रहे। अंत में, सबसे महत्वपूर्ण धन्यवाद मेरी पत्नी लिसा का, जिन्होंने इतने सालों तक मेरा साथ दिया है, जब मैं पार्टियों में खुद को शर्मिंदा करता था या अजनबियों से बात करते हुए सड़क पर बहुत देर तक रुका रहता था। हमारा घर उत्साह और प्यार से भरा है जो आपको और आपके द्वारा हमारे लिए किए गए सभी कार्यों को दर्शाता है। आप मेरे जीवन का प्यार हैं।

लेखक के बारे में

"हम अभी भी अपनी मूर्खता में कल्पना करते हैं कि हमें वही सम्मान मिलेगा जो उन लोगों को मिला जिन्होंने मृत्युपर्यंत अपने खिलाफ लड़ाई लड़ी है।"

क्रिस सिमोन

3770 ब्रिजवाटर स्ट्रीट, नियाग्रा फॉल्स, ओएन

chris@niagarafootmechanic.ca

905-295-1902

यूट्यूब खाते का लिंक:

https://www.youtube.com/@chrischarlessimone

गुण

- समयनिष्ठ
- भरोसेमंद
- भरोसेमंद
- ईमानदार
- आत्मविश्वासी
- प्रेरित
- जुनूनी
- अनुकूलनीय
- व्यवस्थित

- मरीज़
- इच्छुक
- करिश्माई
- स्व-शिक्षित

मैंने छह साल की उम्र में अपने पिता के त्वचाविज्ञान अभ्यास के लिए एक रिसेप्शनिस्ट के रूप में शुरुआत की। हाल ही में, मैं चिप्पावा में ब्रिजवाटर योग नामक अपने स्थापित योग स्टूडियो में रिसेप्शनिस्ट थी। दिन-प्रतिदिन की सभी प्रक्रियाओं को संभालने के सात वर्षों के बाद, मैंने हमारे संचालन के लिए एक पेशेवर स्टूडियो मैनेजर को नियुक्त किया है। कुल अनुभव: 48 वर्षों का कार्य अनुभव और वर्तमान में दिसंबर 2017 से जुलाई 2024 तक ब्रिजवाटर योग-ओंटारियो में रिसेप्शनिस्ट। मैंने दिसंबर 2017 में यह व्यवसाय शुरू किया, और यह लगातार बढ़ रहा है। मैंने रिसेप्शन और दिन-प्रतिदिन के सभी कार्यों को संभाला: 12 शिक्षक, सदस्यता देखभाल, पीओएस, भवन संबंधी मुद्दों का शेड्यूल और सफाई। शिक्षा लघु व्यवसाय विकास में कॉलेज डिप्लोमा।

मेरे पास स्थिर आय के लिए एक व्यावसायिक इमारत है और मैं ऊपर रहता हूँ और नीचे एक व्यवसाय है। मेरी पत्नी भी संपत्ति पर अपने कार्यालय से एक व्यवसाय संचालित करती है। मैं रोजाना पढ़ता और लिखता हूं क्योंकि मैं गति निर्धारित कर सकता हूं, जो स्वतंत्र महसूस करता है।

मैं अपने जीवन में कई चीजें रहा हूं और कभी भी किसी विशेष में

महान नहीं रहा, सिवाय जब बात मेरे व्यक्तित्व की आई। मैंने जितनी भी भूमिकाएं निभाई हैं, उनमें से मुझे सबसे अच्छा-सबसे बुरा कहा गया है। सबसे अच्छा सबसे बुरा माता-पिता, साथी, बेटा, भाई, बारटेंडर, कार्नी, सेल्समैन, रेस्टोरेंट मालिक, हाउस पेंटर, लाइब्रेरियन, मिशनरी, धावक, अल्टर बॉय, प्रशिक्षक और ट्यूटर। यह सब इसलिए है क्योंकि मैंने आपसी सम्मान और अपनी बात रखकर अपनी कच्ची प्रतिभा की कमी को पूरा किया। उन दो गुणों ने मुझे बाधाओं के माध्यम से आगे बढ़ाया। बाधा-तोड़ने वाले कुशल, उच्च कार्यशील, बाध्य, मजबूर, कुचले हुए, पक्षपाती, प्रतिक्रियाशील और तहखाने की भावनाओं वाले चिकने लोग उच्च मूल्य के रूप में पहचाने जाते हैं।

मैंने आपके व्यक्तित्व को मजबूत करने के लिए एक रूपरेखा तैयार की है। यह कार्यात्मक आवश्यकताओं, योजना गतिविधियों और परिणामों के साथ एक व्यक्ति-केंद्रित कथा है।

अराजकता आकर्षण और ग्राहक तेरह पहचानने योग्य लक्षणों के साथ शुरू होता है, और बहुत जल्द, हम बता सकते हैं कि हम कहाँ हैं, मजबूत और कमजोर। फिर, मज़ाक, प्रभाव और पारस्परिक प्रकृति की प्रक्रिया शुरू होती है, जिसके परिणामस्वरूप घटक भागों का एक समूह होता है जो आपके अनुरूप परस्पर संबंधित और सूक्ष्म होते हैं। याद है पिछली बार जब आप बंदूक की रेंज में गए थे और आपने लक्ष्य पर गोली चलाई थी? आपके द्वारा छोड़ा गया पैटर्न अद्वितीय है और कभी भी दोहराया नहीं जाता है। आत्म-संदर्भ के लिए, प्रभावी रहें, अपनी भावनाओं के साथ वर्तमान

रहें, एक परिचित आकर्षण रखें और दृढ़ और स्पष्ट रहें, मेरे साथ बने रहें!

प्रस्तावना

आज की दुनिया तकनीक और स्वचालन से संचालित है, जहाँ तकनीकी प्रगति ने लगभग हर चीज़ को और अधिक सुविधाजनक बना दिया है। ऐसे में, लोगों के लिए अपनी उपयोगिता पर सवाल उठाना आसान है, खासकर जब यह व्यापक रूप से माना जाता है कि एआई मनुष्यों की तुलना में अधिक कुशलतापूर्वक, सटीक और तेज़ी से कार्य कर सकता है।

यह पुस्तक आपको यह याद दिलाने के लिए है कि आपका व्यक्तित्व आपकी सबसे बड़ी ताकत है, जिसे कोई भी कृत्रिम बुद्धि (AI) या कोई भी तकनीक दोहरा नहीं सकती। चाहे आप ग्राहक सेवा में काम कर रहे हों, किसी टीम का नेतृत्व कर रहे हों, या बस दूसरों के साथ बेहतर जुड़ाव की तलाश में हों, यह पुस्तक आपको बताएगी कि अपनी बातचीत को कैसे यादगार बनाया जाए। ऐसे समय में जब दक्षता अक्सर प्रामाणिकता पर भारी पड़ती है, आपका अनोखा व्यक्तित्व ही वह अंतर हो सकता है जो आपको दूसरों से अलग करता है।

व्यावहारिक सुझावों और वास्तविक जीवन की कहानियों से भरपूर, यह पुस्तक आपको बताएगी कि आप अपने हर काम में गर्मजोशी, हास्य और प्रामाणिकता कैसे लाएँ। यह आपके अनूठे गुणों को अपनाने, विश्वास बनाने और सार्थक रिश्ते बनाने के बारे में है जो एल्गोरिदम और स्वचालन के प्रभुत्व वाली इस दुनिया में अलग दिखें।

यह किताब कोई स्क्रिप्ट रटने या सख्त नियमों का पालन करने वाली नहीं है। बल्कि, यह उस चीज़ का जश्न है जो आपको आप बनाती है। प्रासंगिक उदाहरणों और व्यावहारिक अंतर्दृष्टि के माध्यम से, आप सीखेंगे कि अपनी पूरी क्षमता को उजागर करने के लिए अपने व्यक्तित्व का उपयोग कैसे करें। व्यक्तित्व सिर्फ़ एक गुण नहीं है—यह एक महाशक्ति है।

यह जानने के लिए तैयार हो जाइए कि कैसे आपका व्यक्तित्व न केवल आपके काम को, बल्कि आपके जीवन को भी बदल सकता है। क्योंकि मशीनों की इस दुनिया में, मानवीय स्पर्श ही असली अंतर पैदा करता है।

अंतर्वस्तु

परिचय: एक 6 वर्षीय रिसेप्शनिस्ट की स्वीकारोक्ति

क्या आपने कभी यह कहावत सुनी है, 'एक अच्छा व्यक्तित्व आपके द्वारा पहने जाने वाले सबसे बेहतरीन एक्सेसरीज में से एक है?' जी हाँ, यह एक सच्चाई है। इससे कोई फर्क नहीं पड़ता कि आप कितने स्मार्ट और कुशल हैं या आपका पहनावा कितना प्रभावशाली है; आखिरकार, आपका व्यक्तित्व निखर कर सामने आता है और लोगों को अपनी ओर आकर्षित करता है। मैं इस बात पर तब तक पूरा यकीन करता रहा जब तक कि उन्होंने एक नया ऑफिस गैजेट नहीं ला दिया: एक आकर्षक, चमकदार एआई असिस्टेंट जिसकी चमकती लाइटें और एक ऐसी आवाज़ जो मेरी नौकरी छीनने की कोशिश कर रहे किसी भी व्यक्ति के लिए बहुत विनम्र लग रही थी। तभी मुझे एहसास हुआ कि मेरे कौशल की परीक्षा होगी।

मैं रिसेप्शनिस्ट थी, सिर्फ़ छह साल की, मुश्किल से इतनी लंबी कि डेस्क के ऊपर से देख पाती थी। ऊपरी तौर पर देखने पर, ज़्यादातर लोग यही मान लेते कि मैं नाकाबिल हूँ। फिर भी, मुझे दो अहम चीज़ें मिली थीं: एक अद्भुत व्यक्तित्व और पहाड़ों को हिला देने का दृढ़ संकल्प। जब उन्होंने एआई असिस्टेंट को लाया, तो बड़े-बड़े लोग उसकी कुशलता से फूले नहीं समा रहे थे—कैसे वह फ़ोन उठा सकती थी, लोगों का अभिवादन कर सकती थी, और यहाँ तक कि मीटिंग भी शेड्यूल कर सकती थी।

लेकिन मैं प्रभावित नहीं हुआ। मैं दिल से जानता था कि रोबोट मेरे काम का सबसे ज़रूरी हिस्सा नहीं कर सकता: मैं होना।

पहली बार जब रोबोट ने नियंत्रण लेने की कोशिश की, तो वह बहुत ही चालाकी से हुआ। एक आगंतुक अंदर आया, एक लंबा-चौड़ा आदमी, जिसके हाथ में एक ब्रीफ़केस था, और इससे पहले कि मैं "गुड मॉर्निंग" कह पाता, रोबोट पहले ही बोल पड़ा।

"सुप्रभात, महोदय। आज मैं आपकी किस प्रकार सहायता कर सकता हूँ?" उसने अपनी मधुर, यांत्रिक आवाज़ में कहा।

मैंने रोबोट को घूरा, अपनी छोटी-छोटी मुट्ठियाँ भींच लीं। यही मेरी बात थी! लेकिन मैं किसी रोबोट को अपनी सुर्खियाँ चुराने नहीं देना चाहती थी।

"मैं यहां मिस्टर क्लार्क से मिलने आया हूं," उस आदमी ने जवाब दिया।

"बिल्कुल!" एआई सहायक ने कहा।

आगंतुक ने अधीरता से अपनी घड़ी की ओर देखते हुए कहा, "मेरी उनसे एक मीटिंग तय है। मैं हमारे आगामी प्रोजेक्ट पर चर्चा करने के लिए उत्सुक हूँ।"

"बिल्कुल!" एआई सहायक ने जवाब दिया, उसकी रोबोटिक भुजा बैठने की जगह की ओर इशारा कर रही थी। "कृपया बैठ जाइए, मैं विभाग को सूचित करता हूँ।"

उस आदमी ने थोड़ी बातचीत करने की कोशिश की। "हाँ, मैं थोड़ा जल्दी में हूँ; मुझे बच्चों के स्कूल भी जाना है; मेरे बच्चे अपने स्कूल के नाटक को लेकर बहुत उत्साहित हैं। वे पहली बार मंच पर आ रहे हैं।"

रोबोट एक पल के लिए झिझका, इस निजी स्पर्श को समझने की कोशिश करता रहा। कुछ पल बाद उसने जवाब दिया, "माफ़ी चाहता हूँ; मुझे निजी या पारिवारिक मामलों की कोई जानकारी नहीं है। क्या आप इंटरव्यू के बारे में कुछ और जानना चाहते हैं?"

बेचारा ये सुनकर थोड़ा हैरान हुआ, बेशक उसे उम्मीद थी कि उसे सिर्फ़ लेन-देन वाली बातचीत से ज़्यादा कुछ मिलेगा। यहीं से मुझे एहसास हुआ कि मेरी शुरुआत हो गई है।

"आपके बच्चों के बारे में सुनकर बहुत अच्छा लगा!" मैंने दोस्ताना मुस्कान के साथ कहा। "वे स्कूल के नाटक में क्या खेल रहे हैं? यह उनके लिए कितना रोमांचक होगा।"

जैसे ही वह आदमी बोलने लगा, उसका चेहरा खिल उठा। "वे दोनों मुख्य भूमिकाओं में हैं! बहुत मेहनत लगी है, लेकिन वे खूब मज़े कर रहे हैं। मैं उन्हें मंच पर देखने के लिए बेताब हूँ।"

जब उन्होंने अपनी रिहर्सल और कॉस्ट्यूम्स के बारे में कहानियाँ सुनाईं, तो मैंने ध्यान से सुना और उनका हौसला बढ़ाया। "लगता है कि वे कमाल करने वाले हैं! उन्हें इतना जोश और उत्साह से भरा देखना अद्भुत है।"

आगंतुक एक सच्ची मुस्कान के साथ चला गया, जो हमारे व्यक्तिगत आदान-प्रदान की स्पष्ट रूप से सराहना कर रहा था। जाते समय, मैंने उसे मिस्टर क्लार्क से यह कहते सुना, "आपका रोबोट ज़्यादा मददगार नहीं था, लेकिन शुक्र है कि रिसेप्शन पर मौजूद उस युवा लड़के ने सचमुच मदद की और अपनी गर्मजोशी और सच्ची दिलचस्पी से मेरा दिन बना दिया।"

बाद में, श्री क्लार्क कृतज्ञता भरी मुस्कान के साथ मेरे पास आए। "मैंने सुना कि आपने आज हमारे आगंतुक के साथ कैसे व्यवहार किया। इतना सकारात्मक प्रभाव डालने के लिए धन्यवाद। हमारे निवेशकों के साथ, खासकर उनके जैसे महत्वपूर्ण व्यक्ति के साथ, अच्छे संबंध बनाए रखना महत्वपूर्ण है। मानवीय स्तर पर जुड़ने की आपकी क्षमता ने दिन बचाया और संभवतः एक महत्वपूर्ण निवेश भी।"

मैंने रोबोट की तरफ़ देखा, जो चुप था। हाँ, वो काम तो कर सकता था और जानकारी का प्रबंधन भी कर सकता था, लेकिन वो छोटी-मोटी सार्थक बातचीत या व्यक्तिगत स्तर पर जुड़ाव नहीं कर सकता था। ये तो हमारी दोस्ताना प्रतिस्पर्धा की शुरुआत भर थी।

इस कहानी से यही सीख मिलती है कि व्यक्तित्व अंततः एआई पर विजय प्राप्त करता है। एक रोबोट भले ही सब कुछ जानता हो, लेकिन वह कभी नहीं सीख पाएगा कि किसी को कैसे हँसाया जाए, किसी का दिन कैसे खुशनुमा बनाया जाए, या लोगों से व्यक्तिगत स्तर पर कैसे जुड़ा जाए। यह एक ऐसी महाशक्ति है जिसकी बराबरी कोई भी मशीन नहीं कर सकती।

ऐसे समय में जब यह महसूस होता है कि एआई हमारे जीवन के हर पहलू पर अतिक्रमण कर रहा है, यह समझने का समय आ गया है, पहले से कहीं ज़्यादा, कि आपकी विचित्रताएँ, खामियाँ, और यहाँ तक कि सबसे गंभीर परिस्थितियों में भी डैड जोक्स बनाने की आपकी प्रतिभा, सिर्फ़ आकर्षक गुण नहीं हैं—वे महाशक्तियाँ हैं। अपने अनोखे "अजीब" व्यक्तित्व को अपनाना सिर्फ़ आत्म-स्वीकृति से कहीं बढ़कर है; यह एक ऐसी दुनिया में एक रणनीतिक लाभ है

जहाँ कॉर्पोरेट एकरूपता और एल्गोरिथम-संचालित अंतर्क्रियाएँ बढ़ रही हैं।

आपकी विशिष्टता ही वह कारण हो सकती है जिससे आप उस जगह पर अलग दिखते हैं जहाँ अक्सर सटीकता और दक्षता को सबसे ऊपर रखा जाता है। हालाँकि AI और स्वचालन प्रक्रियाओं को सुव्यवस्थित और एकरूपता प्रदान करने का काम करते हैं, लेकिन वे उस मानवीय स्पर्श का विकल्प नहीं हैं जो किसी भी बातचीत में चरित्र और गर्मजोशी जोड़ता है। आपकी विशिष्टताएँ—वे चीज़ें जो आपको विशिष्ट बनाती हैं—यादगार अनुभव बनाती हैं और सच्चे संबंध बनाती हैं। ये छोटे-छोटे प्रयास आपको दक्षता की अवैयक्तिक लहर से अलग कर सकते हैं और रोज़मर्रा की व्यावसायिक बातचीत की एकरसता को तोड़ सकते हैं।

मेरे साथ खोज की एक यात्रा पर चलें, मुस्कुराते हुए गाँव वालों से लेकर जिनके पास लगभग कुछ भी नहीं है, उन शहरी पेशेवरों तक जिनके पास सब कुछ है। यह लगातार उड़ान भरने के बारे में नहीं है; यह पता लगाने के बारे में है कि लोगों को वास्तव में क्या खुशी देता है और उन सबक को कॉर्पोरेट जगत में ले जाने के बारे में है।

दूर-दराज के गाँवों में, कोई भी यह देख पाएगा कि सादा जीवन में ही खुशी पनपती है। अपने न्यूनतम संसाधनों के बावजूद, ग्रामीण वास्तव में खुश और मेहमाननवाज़ होते हैं। हम ऐसे व्यस्त शहरों से गुज़रेंगे जहाँ पेशेवर लोग, भौतिक संपत्ति और सफल करियर के बावजूद, तनाव और असंतोष से ग्रस्त दिखाई देते हैं। इससे हमें तुलनात्मक रूप से यह एहसास होगा कि सच्ची खुशी किसी मूर्त या भौतिक चीज़ से जुड़ी नहीं होती।

यह खुशी के वास्तविक अर्थ को समझने और उन मूल्यों को अपने विभिन्न कार्यक्षेत्रों में लागू करने की यात्रा है। यह इन अलग-अलग अनुभवों से सीखने और इन सबक का उपयोग करके अपने व्यावसायिक सहयोगियों के साथ अधिक प्रामाणिक बातचीत और सार्थक संवाद को बढ़ावा देने के बारे में है—एक-एक मुस्कान के साथ। आइए और मेरे साथ मिलकर जानें कि इन सबक को अपनाने से हमें एक अधिक जुड़ावपूर्ण और सकारात्मक कार्यस्थल बनाने में कैसे मदद मिल सकती है।

दशकों से, मायर्स-ब्रिग्स टाइप इंडिकेटर (MBTI) जैसे व्यक्तित्व परीक्षणों को मानव व्यवहार को समझने के लिए सर्वोत्तम मानक माना जाता रहा है। MBTI का आविष्कार कैथरीन कुक ब्रिग्स और उनकी बेटी इसाबेल ब्रिग्स मायर्स ने किया था। यह परीक्षण व्यक्तियों को 16 व्यक्तित्व प्रकारों में से एक में वर्गीकृत करता है, जिन्हें INFJ, ENTP, या ISFP जैसे चार-अक्षर वाले लेबल दिए जाते हैं, जो उनकी दुनिया को देखने और निर्णय लेने की प्राथमिकताओं पर आधारित होते हैं। प्रत्येक लेबल व्यक्ति के व्यक्तित्व, प्राथमिकताओं और व्यवहार के बारे में गहन अंतर्दृष्टि प्रदान करता है।

पहली नज़र में, यह हमें खुद को और दूसरों को समझने के लिए एक तरह का ढाँचा प्रदान करने में मददगार लग सकता है। लेकिन अगर हम इस पर और गहराई से गौर करें, तो यह स्पष्ट हो जाता है कि इंसानों को सिर्फ़ 16 श्रेणियों में नहीं बाँटा जा सकता।

हालाँकि यह परीक्षण सार्वभौमिक रूप से स्वीकृत है और रिश्तों तथा कार्यस्थल जैसे विभिन्न क्षेत्रों में लागू होता है, फिर भी इसमें कुछ महत्वपूर्ण कमियाँ भी हैं। इस परीक्षण की मुख्य समस्या यह है कि

यह लोगों को उनकी पसंद के आधार पर चार श्रेणियों में बाँटने का प्रयास करता है: अंतर्मुखता/बहिर्मुखता, संवेदन/अंतर्ज्ञान, चिंतन/अनुभूति, और निर्णय/अवधारणा। इसके विपरीत, वास्तविक मानव व्यक्तित्व इन लेबलों से कहीं अधिक परिस्थितिजन्य और लचीला होता है। अपने परिवेश, भावनाओं और पिछले अनुभवों के आधार पर, हम लगातार अनुकूलन करते हैं, बदलते हैं और विभिन्न प्रकार की विशेषताएँ प्रदर्शित करते हैं।

आलोचकों का कहना है कि मायर्स-ब्रिग्स टाइप इंडिकेटर (एमबीटीआई) परीक्षण की झूठी द्वैधताएँ पैदा करने की प्रवृत्ति इसकी मुख्य कमियों में से एक है। या तो आप बहिर्मुखी हैं या अंतर्मुखी, विचारक हैं या भावनाशील। जबकि, वास्तव में, हममें से कई लोग कहीं बीच में ही होते हैं, अक्सर कई तरह के व्यवहार प्रदर्शित करते हैं। ये अनम्य विभाजन मानव व्यवहार की जटिलता और सूक्ष्मता को पर्याप्त रूप से नहीं पकड़ पाते, न ही वे इस बात पर विचार कर पाते हैं कि हमारे व्यक्तित्व जीवन भर या यहाँ तक कि पल-पल में कैसे बदल सकते हैं।

इसके अलावा, एमबीटीआई सांस्कृतिक और पालन-पोषण संबंधी पहलुओं या भावनात्मक बुद्धिमत्ता के प्रभावों को भी ध्यान में नहीं रखता, जिनका व्यक्तित्व पर गहरा प्रभाव पड़ता है। यह किसी व्यक्ति को समझने का एक छद्म एहसास देता है और उसे केवल एक लेबल तक सीमित कर देता है, जो अक्सर भ्रामक और हानिकारक होता है। निश्चित श्रेणियों पर ध्यान केंद्रित करने से स्वयं के बारे में एक स्थिर दृष्टिकोण को बढ़ावा मिलता है, जिससे व्यक्तिगत विकास और आत्म-जागरूकता सीमित हो जाती है।

इस पुस्तक में, हम मायर्स-ब्रिग्स जैसे व्यक्तित्व परीक्षणों की खामियों पर चर्चा करेंगे और यह भी कि कैसे ये परीक्षण मानवीय जटिलता के संपूर्ण स्पेक्ट्रम का मानचित्रण करने और अपनी पवित्र गायों का विखंडन करने के लिए हमेशा एक-दूसरे से आगे निकलने की कोशिश करते रहते हैं। मिथकों को चुनौती देकर और ऐसे व्यक्तित्व परीक्षणों की वैधता पर सवाल उठाकर, हम व्यक्तित्व की एक अधिक सूक्ष्म समझ का द्वार खोलते हैं—एक ऐसी समझ जो मानवीय अनुभव की तरलता, विविधता और वास्तविक जटिलता को समाहित करती है। किसी ढांचे में फिट होने की कोशिश करने के बजाय, हम यह समझाने का प्रयास करेंगे कि इस विशिष्टता और परिवर्तनों के लिए तत्परता का जश्न कैसे मनाया जाए, जो हमें वह बनाते हैं जो हम हैं।

अगर आपने कभी किसी व्यक्तित्व परीक्षण के कारण खुद को विवश या गलत तरीके से प्रस्तुत किया है, तो यह अध्याय इसे एक नए दृष्टिकोण से प्रस्तुत करता है। पेशेवर परीक्षण-विरोधाभासी, आप अपने लिए एक नया करियर पथ खोज सकते हैं, क्योंकि मैं आपको बता दूँ कि व्यक्तित्व में एक साधारण प्रश्नावली से कहीं अधिक होता है।

क्या आप अपनी ग्राहक सेवा के तरीके में क्रांतिकारी बदलाव लाने के लिए तैयार हैं? अपनी सीटबेल्ट बाँध लीजिए और दस ऐसे कौशलों से गुज़रिए जो आपको एक रोबोट सेवा प्रदाता से एक करिश्माई जादूगर बना देंगे। यह कोई सेल्फ-हेल्प बुक नहीं है, बल्कि एक बेबाक, हँसी-मज़ाक भरी यात्रा है जो यह जानने के लिए

है कि कैसे आपका व्यक्तित्व ग्राहक सेवा और उससे आगे आपकी सबसे बड़ी संपत्ति बन सकता है।

ऐसे दौर में जब ऑटोमेशन और एआई एक-एक करके अपनी जगह बना रहे हैं, मानवीय स्पर्श का महत्व बढ़ता जा रहा है। यह किताब स्क्रिप्ट या कठोर नियमों में महारत हासिल करने के बारे में नहीं है, बल्कि हर बातचीत में गर्मजोशी, हास्य और प्रामाणिकता लाने के बारे में है। हम सक्रिय श्रवण कौशल विकसित करने, सहानुभूति का उपयोग करने के तरीके, और दूसरों के साथ वास्तविक संबंध बनाने के लिए अपनी विचित्रताओं का उपयोग करने के व्यावहारिक तरीकों पर गहराई से चर्चा करेंगे। प्रत्येक अध्याय के वास्तविक जीवन के उदाहरण और व्यावहारिक सुझाव बताते हैं कि कैसे अपने श्रोताओं को आकर्षित करें और शोरगुल से ऊपर उठें।

यह पुस्तक खोज की एक व्यापक यात्रा प्रदान करने के लिए रची गई है। इसकी शुरुआत एक**13 पहचाने जाने योग्य लक्षणों का परिचय**—इच्छा, भावनाएँ, क्षमता, तालमेल, रसायन शास्त्र, और अन्य जैसे प्रमुख पहलू, जो सार्थक मानवीय अंतःक्रियाओं को आकार देने के लिए आवश्यक हैं। आप यह भी जानेंगे**भावनाओं का पैमाना**मानवीय भावनाओं के संपूर्ण स्पेक्ट्रम को समझने और पेशेवर परिस्थितियों में उन्हें प्रभावी ढंग से कैसे नियंत्रित किया जाए, इसके लिए एक रूपरेखा। इस पुस्तक का केंद्रबिंदु है**"मूल्य स्विच,"**जो आपको सिखाता है कि अपनी शक्तियों का लाभ उठाकर अपने व्यक्तित्व के कमजोर पहलुओं को कैसे मजबूत किया जाए।

इन मूल विचारों के अलावा, यह पुस्तक आपकी समझ को बढ़ाने के लिए कई प्रमुख रूपरेखाएँ प्रस्तुत करती है।**वर्डस्विच**धारणा को आकार देने और संचार में सुधार करने में भाषा की शक्ति को प्रदर्शित करता है, जबकि**कुल्ला सिद्धांत**निरंतर सुधार के लिए प्रक्रियाओं को परिष्कृत करने पर जोर दिया जाता है।**मानसिक स्वास्थ्य आवश्यकताओं का पदानुक्रम**व्यक्तिगत और व्यावसायिक विकास में मानसिक स्वास्थ्य की महत्वपूर्ण भूमिका के बारे में अंतर्दृष्टि प्रदान करता है। अंत में,**बिक्री चक्र**ग्राहक यात्रा के प्रत्येक चरण में भावनात्मक बुद्धिमत्ता और व्यक्तित्व को एकीकृत करने के लिए एक मार्गदर्शिका प्रदान करता है, जिससे सभी शामिल लोगों के लिए अधिक प्रभावशाली और आकर्षक अनुभव सुनिश्चित होता है।

जब तक आप अंतिम पृष्ठ पर पहुँचेंगे, तब तक आपके पास हर बातचीत में अपने व्यक्तित्व को निखारने के लिए ज़रूरी सभी उपकरण मौजूद होंगे। चाहे वह आपके ग्राहकों के साथ हो, सहकर्मियों के साथ हो, या किसी और के साथ, आप देखेंगे कि आपका व्यक्तित्व सिर्फ़ एक व्यक्तिगत विशेषता नहीं है—यह एक गुप्त हथियार है। इन कौशलों के साथ, आप ग्राहक सेवा की दुनिया में आत्मविश्वास और करिश्माई महसूस करेंगे, और जिससे भी मिलेंगे, उस पर अपनी अमिट छाप छोड़ेंगे।

अध्याय 1: संचार - कब चरित्र मायने रखता है (और कब नहीं)

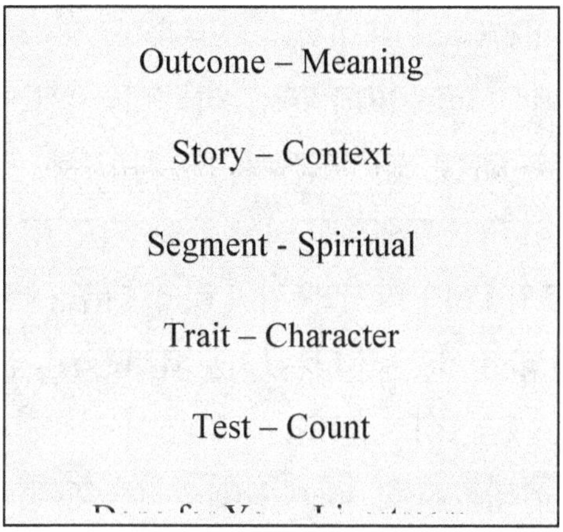

संचार केवल शब्दों में कही गई बातों के बारे में नहीं है; यह जुड़ाव के बारे में है। यह इस बारे में है कि हम दूसरों को कैसा महसूस कराते हैं, हम दबाव का सामना कैसे करते हैं, और कभी-कभी, हम अपनी गलतियों पर कैसे प्रतिक्रिया देते हैं। कई बार, जब हम दबाव में होते हैं, और सब कुछ बिखरता हुआ सा लगता है, तो अक्सर हमारा चरित्र ही सबसे अच्छी योजना पर विजय प्राप्त करता है।

यह बात मुझे उस दिन बिल्कुल साफ़ हो गई जब मैंने एक सीईओ को हँसाया और इस प्रक्रिया में अपनी तनख्वाह भी बढ़ा ली। मैं अधिकारियों से भरे बोर्डरूम के सामने खड़ा था, उनकी निगाहें मुझ पर टिकी थीं। मैंने अपनी सबसे अच्छी बटन-डाउन शर्ट पहनी हुई थी, मेरे बाल बिल्कुल सधे हुए थे, और मैंने इस पल के लिए लगभग

हज़ार बार अभ्यास किया था। सीईओ मेरे ठीक सामने बैठे थे; उनके ठंडे चेहरे के भाव पानी को भी बर्फ में बदल सकते थे।

अब, थोड़ा पीछे चलते हैं।मुझे वास्तव में इस कमरे में नहीं होना चाहिए था। आखिरकार, मैं तो बस रिसेप्शनिस्ट थी, जो फोन उठाती थी और आगंतुकों का स्वागत करती थी।. लेकिन घटनाओं की एक ऐसी श्रृंखला के ज़रिए, जो आज भी मेरे दिमाग को चकरा देती है, मुझे एक ऐसा विचार प्रस्तुत करने के लिए आमंत्रित किया गया था जिसका ज़िक्र मैंने अपने मैनेजर से यूँ ही कर दिया था। अगली बात जो मुझे पता चली, वह यह कि मैं यह विचार बड़े-बड़े निर्णय लेने वालों के सामने रख रहा हूँ,वे लोग जो नाश्ते में स्प्रेडशीट खाते हैं और बिना किसी हिचकिचाहट के "सिनर्जी" जैसे शब्दों का इस्तेमाल करते हैं।

हालाँकि मैं घबराया हुआ था, मुझे पता था कि मेरे पास साझा करने के लिए कुछ सार्थक है। मैं अपने अंतर्मन में महसूस कर सकता था कि इस विचार में वाकई कुछ संभावनाएँ हैं। एक गहरी साँस लेते हुए और कॉन्फ्रेंस टेबल के किनारे को पकड़ते हुए, मैंने अपना प्रेजेंटेशन शुरू किया। सीईओ मेरे सामने अपनी बाहें क्रॉस करके ऐसे बैठे थे मानो उन्हें दुनिया में कहीं और होना पसंद हो।

मेरी नसें पहले से ही खराब थीं; फिर भी, मुझे अपनी तैयारी पर भरोसा था। बस, तब तक ऐसा ही हुआ। जैसे ही मैं अपने नोट्स लेने की कोशिश कर रहा था, पल भर में मेरी कोहनी से कॉफ़ी का पूरा कप गिर गया। गिरना तो आसान होता, लेकिन नहीं, यह तो बाढ़ थी—भूरे रंग का तरल पदार्थ सजे-धजे कागज़ों पर फैल गया, और उससे भी बुरा, सीईओ के सूट पर छलक गया। मेरा दिल टाइटैनिक

से भी नीचे डूब गया। कमरे में सन्नाटा छा गया, और मेरे दिमाग में बस यही चल रहा था, बस हो गया। मुझे नौकरी से निकाला जा रहा है। मैं इस शहर में फिर कभी काम नहीं करूँगा।

मैं मेज़ पर फैले कॉफ़ी के दाग को किसी अपशकुन की तरह देखते ही स्तब्ध रह गया। सीईओ का चेहरा, अगर मानवीय रूप से संभव हो, तो और भी कठोर हो गया। उसकी आँखें मुझे घूर रही थीं, और मैं हर पल को अनंत काल में बदलते देख रहा था।

अब, ऐसी परिस्थितियों में, दो तरह के लोग होते हैं। पहले वाले घबरा जाते हैं, खूब माफ़ी मांगते हैं, और इस गड़बड़ी को ठीक करने की कोशिश करते हैं, और चाहते हैं कि काश वे गायब हो जाते। दूसरे वाले? खैर, वे अपने व्यक्तित्व को बोलने देते हैं। शुक्र है, मैं किसी तरह दूसरे वाले में बदल गया। मैंने सीईओ की तरफ देखा, फिर उस गड़बड़ी की तरफ, और बिना सोचे-समझे कह दिया, "अच्छा, अब मुझे लगता है कि आखिरकार सबका ध्यान मेरी ओर है।" यह सोचने के लिए काफ़ी था कि हालात इससे बदतर नहीं हो सकते।

लेकिन तभी सीईओ खिलखिलाकर हँसने लगे। पहले तो हल्की-सी गड़गड़ाहट हुई, लेकिन जल्द ही ज़ोरदार हँसी में बदल गई। पूरा कमरा हँसी में शामिल हो गया। यहाँ तक कि सबसे सख्त वाइस प्रेसिडेंट, जो बीस साल से मुस्कुराया नहीं था, भी मुस्कुरा दिया।

यह किसी भी प्लेबुक में नहीं था, किसी भी संकट प्रबंधन पुस्तक में नहीं। लेकिन उस छोटे से मज़ाक, उस सहज टिप्पणी ने मुझे उस दिन बचा लिया। तनाव खत्म हो गया, और अचानक, सब लोग भी शांत हो गए। सीईओ, अब अपने सूट से कॉफ़ी उड़ाते हुए, मेरी तरफ़ सिर हिलाया।

“ठीक है,” उन्होंने कहा, “देखते हैं तुम्हारे पास क्या है।”

मैंने कॉफ़ी के दागों और तमाम मुश्किलों के बावजूद प्रेजेंटेशन जारी रखा। शुरुआत में थोड़ी मुश्किलों के बावजूद, यह मेरी कल्पना से भी बेहतर रहा। सीईओ ने मेरी बात सुनी और सवाल पूछे; अंत तक, मैं समझ गया कि वे प्रभावित हुए थे। कुछ हफ़्तों बाद, न सिर्फ़ मेरे आइडिया पर अमल हुआ, बल्कि मुझे वेतन में बढ़ोतरी भी मिली। मैं सिर्फ़ कॉफ़ी की तबाही से नहीं बच पाया; बल्कि उसकी वजह से मैं फल-फूल रहा था।

उस दिन से जो सबक मेरे साथ रहा है, वह यह है कि जब बात संवाद की आती है, तो व्यक्तित्व ही आपकी सबसे बड़ी पूंजी है। तैयारी करना तो बनता है, लेकिन माहौल को समझने, किसी बुरी स्थिति को हल्के में लेने और लोगों से जुड़ने में कुछ ऐसा है जो आपको कोई भी अभ्यास नहीं सिखा सकता। यह मायने नहीं रखता कि आपकी प्रस्तुति कितनी परिष्कृत है या पिच कितनी स्पष्ट है। कभी-कभी, बात बस यह होती है कि आप अप्रत्याशित परिस्थितियों पर कैसे प्रतिक्रिया देते हैं, और जब चीजें विपरीत दिशा में जाती हैं, तो आप कैसे स्थिर रहते हैं।

दस संचार आज्ञाएँ (जिन्हें आप तोड़ सकते हैं)

संचार सिर्फ़ सुसज्जित शब्दों या आकर्षक प्रस्तुतियों से कहीं बढ़कर है। यह प्रामाणिकता, हास्य और कभी-कभी तथाकथित "संचार नियमों" को तोड़ना भी है। तो आइए, उन दस संचार नियमों पर एक नज़र डालते हैं जो आपको एक निष्प्राण सेवा प्रदाता से एक करिश्माई जादूगर में बदल देंगे।

1. पहली छाप(बिना प्रयास किये ही सफलता प्राप्त करना):आपने शायद यह कहावत सुनी होगी, "पहली छाप छोड़ने का सिर्फ़ एक ही मौका मिलता है।" इसमें सच्चाई तो है, लेकिन इसे बिगाड़ने से बचने की इतनी कोशिश आपको ज़रूरत से ज़्यादा सोचने पर मजबूर कर देगी। पावर पोज़, मज़बूती से हाथ मिलाना, और यह सब करना भूल जाइए कि आप सब कुछ जानते हैं। असल में इंसान होना ही मायने रखता है।

कल्पना कीजिए कि आप किसी मीटिंग में बिना बालों के और बेमेल मोज़ों के साथ जा रहे हैं। लेकिन असल में, यही कोई बड़ी बात नहीं है। लोग शान-शौकत से ज़्यादा व्यक्तित्व को महत्व देते हैं। असली बात यह है कि आत्मविश्वास के साथ, प्रामाणिकता के साथ, और थोड़ी-सी आत्म-जागरूकता के साथ जाएँ ताकि अगर कभी कोई गड़बड़ हो जाए, तो आप उस पर हँस सकें। ये नाज़ुकता के क्षण, मानवीय क्षण, ही हैं जो एक स्थायी छाप छोड़ते हैं।

2. सक्रिय श्रवण (जब आपकी रुचि न हो, तब भी रुचि कैसे दिखाएँ):सच कहूँ तो: हम सभी ने खुद को कभी न खत्म होने वाली बातचीत के बीच पाया है, और हमारा ध्यान सप्ताहांत की योजनाओं, रात के खाने की रेसिपीज़, या आने वाले नए नेटफ्लिक्स शो पर भटक रहा है। लेकिन अच्छी खबर यह है कि एक बेहतरीन श्रोता बनने के लिए आपको हर समय पूरी तरह से व्यस्त और कान लगाए रहने की ज़रूरत नहीं है।

सही समय पर सिर हिलाने, आँखों का संपर्क बनाए रखने और बीच-बीच में "ओह, यह दिलचस्प है!" कहकर दूसरे व्यक्ति को बातचीत जारी रखने का हुनर सीखें। और जब भी संदेह हो, तो आगे

के सवाल पूछें। "क्या आप मुझे इसके बारे में और बता सकते हैं?" या "आपको यह कैसा लगा?" जैसे सवाल तब आपके लिए मददगार साबित हो सकते हैं जब आपका दिमाग बातचीत से बाहर निकल चुका हो।

बोनस: यदि आपकी बातचीत की शुरुआत नीरस रही हो, तो आप स्वयं को आश्चर्यचकित कर सकते हैं और बातचीत शुरू होने के बाद उसे जारी रखना चाहेंगे।

3. शारीरिक भाषा (बिना एक शब्द बोले बहुत कुछ कहना):जैसा कि कहा जाता है, *कथनी की तुलना में करनी ज़्यादा असरदार होती है*संचार में सबसे महत्वपूर्ण चीज़ है शारीरिक भाषा। हम अपनी मुद्रा, हाव-भाव और चेहरे के भावों से जितना जानते हैं, उससे कहीं ज़्यादा संवाद करते हैं। सही समय पर भौंहों का उठना, आगे की ओर झुकना या सिर हिलाना बहुत कुछ कह सकता है, कभी-कभी तो आपके कहे किसी भी शब्द से भी ज़्यादा।

शारीरिक भाषा को समझना और उसमें महारत हासिल करना, दूसरों के साथ हमारे जुड़ाव को काफ़ी बेहतर बना सकता है, और रुचि, सहानुभूति और आत्मविश्वास को ऐसे तरीके से व्यक्त कर सकता है जो कभी-कभी सिर्फ़ शब्दों से संभव नहीं होता। यहाँ संचार में शारीरिक भाषा के कुछ बुनियादी सिद्धांत दिए गए हैं।

गतिज संचार: गति गतिशीलता

1.शारीरिक गतिविधियाँ

आसन:यदि कोई व्यक्ति खुली मुद्रा में खड़ा या बैठा है, उदाहरण के लिए, बिना बाँहों को क्रॉस किए और कंधों को आराम से रखते

हुए, तो वह आत्मविश्वास और खुलेपन का परिचय देता है। क्रॉस की हुई बाँहों और झुके हुए कंधों के साथ बंद मुद्रा रक्षात्मकता या बेचैनी का संकेत दे सकती है।

आंदोलन:हम कैसे चलते हैं; हिलते-डुलते, टहलते या स्थिर खड़े रहना, यह हमारी भावनात्मक स्थिति का प्रतिबिंब है। उदाहरण के लिए, बेचैनी घबराहट का संकेत देती है। इसके विपरीत, अच्छी तरह से नियंत्रित और संतुलित गतिविधियाँ आत्मविश्वास और नियंत्रण दर्शाती हैं।

चेहरे के भाव:चेहरा ही भावनात्मक भावों को व्यक्त करने के प्रमुख साधनों में से एक है। इस प्रकार, मुस्कुराहट रिश्ते और तालमेल को मज़बूत कर सकती है, लेकिन भौंहें चढ़ाने से यह पता चल सकता है कि कुछ उलझन भरा है या असहमति है। इस प्रकार, चेहरे के भावों का ज्ञान यह संकेत देता है कि लोग कैसा महसूस कर रहे हैं और अपनी बातचीत को कैसे संशोधित किया जाए।

सूक्ष्म अभिव्यक्तियाँ:चेहरे की कुछ छोटी-छोटी अनैच्छिक हरकतें भी सच्ची भावनाओं को उजागर कर सकती हैं। इन सूक्ष्म भावों के संकेत दूसरों की प्रतिक्रियाओं और भावनाओं को और भी स्पष्ट रूप से दर्शा सकते हैं।

हावभाव:हाथ के हाव-भाव संचार को काफ़ी बेहतर बना सकते हैं, मुद्दों पर ज़ोर देने और विषयवस्तु को ज़्यादा आकर्षक बनाने में मदद कर सकते हैं। हालाँकि, हाव-भाव के इस्तेमाल में सांस्कृतिक अंतरों के बारे में जागरूक होना ज़रूरी है। जो हाव-भाव एक संस्कृति में पूरी तरह स्वीकार्य हैं, वे दूसरी संस्कृति में भ्रामक या आपत्तिजनक भी हो सकते हैं। गलत संचार से बचने और यह

सुनिश्चित करने के लिए कि आपके हाव-भाव इच्छित रूप से समझे जाएँ, सांस्कृतिक मानदंडों को समझने और अपने हाव-भावों को तदनुसार ढालने के लिए समय निकालें।

सिर झुकाना:सिर का हल्का सा झुकाव रुचि और ग्रहणशीलता का संकेत दे सकता है। ये आमतौर पर रुचि और ग्रहणशीलता का संकेत देते हैं, यह दर्शाते हुए कि आप रुचि ले रहे हैं और साझा की जा रही जानकारी पर सक्रिय रूप से विचार कर रहे हैं। सिर का हल्का सा झुकाव यह संदेश दे सकता है कि आप ध्यान से सुन रहे हैं और वक्ता के संदेश को महत्व दे रहे हैं, जिससे बातचीत का जुड़ाव और समझ बढ़ती है।

आँख से संपर्क:उचित रूप से आँखों का संपर्क आत्मविश्वास और ध्यानपूर्वक सुनने का संकेत माना जा सकता है। बहुत कम आँखों का संपर्क दूसरे व्यक्ति को यह महसूस करा सकता है कि आप उससे बचने या उसे टालने की कोशिश कर रहे हैं। दूसरी ओर, बहुत ज़्यादा आँखों का संपर्क डराने वाला या दबंग लग सकता है।

सांस्कृतिक मानदंड:विभिन्न संस्कृतियों में आँखों के संपर्क के अन्य पहलुओं पर भी मानदंड होते हैं। अपने अंतरों को जानने से उन्हें विभिन्न संस्कृतियों के बीच बातचीत में अधिक प्रभावी ढंग से भाग लेने में मदद मिल सकती है।

2. अशाब्दिक संचार: मौन संदेश

खाद्य परंपराएँ:भोजन की परंपराएँ सामाजिक और सांस्कृतिक मूल्यों के बारे में बहुत कुछ बताती हैं। भोजन को किस तरह से संभाला और बाँटा जाता है, यह रिश्तों और व्यक्तिगत

प्राथमिकताओं के विभिन्न पहलुओं को व्यक्त कर सकता है। उदाहरण के लिए, भोजन बाँटना मित्रता या विश्वास का प्रतीक हो सकता है, जबकि अकेले भोजन करना व्यक्तिगत पसंद या स्वतंत्रता का प्रतीक हो सकता है।

पोशाक विकल्प:हम जो कपड़े पहनते हैं, वे हमारी सामाजिक प्रतिष्ठा, व्यावसायिकता और निजी जीवन को दर्शाते हैं। औपचारिक या अनौपचारिक, उचित पहनावा दूसरे पक्ष के हमारे प्रति स्वागत और प्रतिक्रिया को प्रभावित कर सकता है।

सामाजिक और सांस्कृतिक अर्थ (सांस्कृतिक संदर्भ):अशाब्दिक संकेत संस्कृति-दर-संस्कृति अलग-अलग होते हैं। स्थानीय मानदंडों और प्रथाओं के बारे में जागरूकता किसी भी संस्कृति की स्थितियों में होने वाले अधिकांश भ्रम को रोक सकती है।

नामपद्धति: शारीरिक भाषा का वर्णन करने के लिए हम जिन शब्दों का प्रयोग करते हैं—जैसे "मुखर", "संयमी", या "आक्रामक", वे हमारी धारणाओं और अशाब्दिक संकेतों के प्रति प्रतिक्रियाओं को आकार देते हैं। अपनी भाषा के साथ सटीक और विचारशील होने से हमें शारीरिक भाषा की बारीकियों को बेहतर ढंग से समझने और व्याख्या करने में मदद मिलती है। उदाहरण के लिए, विशिष्ट वर्णनात्मक शब्दों का उपयोग करने से हम मुद्रा या हाव-भाव में सूक्ष्म अंतरों को पहचान पाते हैं और विभिन्न अंतःक्रियाओं में अधिक उचित प्रतिक्रिया दे पाते हैं।

3. प्रॉक्सेमिक्स: अंतरिक्ष की संवेदनशीलता

क्षेत्र:अलग-अलग क्षेत्र (अंतरंग, व्यक्तिगत, सामाजिक और सार्वजनिक) होते हैं जो यह तय करते हैं कि हम दूसरे व्यक्ति के कितने करीब जा सकते हैं। सहज और सम्मानजनक बातचीत के लिए इन क्षेत्रों का सम्मान करना ज़रूरी है।

अंतरिक्ष की डिग्री:हम कितनी दूरी बनाए रखते हैं, यह आपको लोगों के साथ हमारी सहजता और निजी जगह के प्रति हमारे सम्मान के बारे में बताता है। बहुत पास खड़े होना दखलंदाज़ी हो सकती है, लेकिन उचित दूरी बनाए रखना विचारशीलता की निशानी है।

स्व-निगरानी:अपनी बॉडी लैंग्वेज पर हर समय नज़र रखें ताकि पता चल सके कि दूसरे इसे कैसे समझेंगे। अपनी गैर-मौखिक बातचीत को अपने मौखिक संदेश के साथ बदलें ताकि आप कोई भी महत्वपूर्ण बात न भूलें।

4. सहानुभूति का कार्य (चिकित्सा की आवश्यकता के बिना उनके दर्द को महसूस करना)

सहानुभूति संचार के उस गुप्त सूत्र की तरह है: एक कदम, और अचानक, आप खुद को एक ही पृष्ठ पर पाते हैं। बात यह है कि उच्च स्तर पर जुड़ने के लिए आपको कोई भावनात्मक स्पंज बनने की ज़रूरत नहीं है, जो हर किसी की परेशानियों को सोख ले। असल में, यह सहानुभूति और निजी दूरी के बीच सही संतुलन खोजने के बारे में है।

जब कोई कोई गंभीर बात बता रहा हो, तो खोखली बातें कहने या पीठ थपथपाने के डर में न पड़ें। इसके बजाय, उनकी भावनाओं

को स्वीकार करें। बस इतना कहना कि, "यह वाकई मुश्किल लग रहा है। अगर आप इस बारे में बात करना चाहते हैं तो मैं यहाँ हूँ।" बहुत मददगार साबित हो सकता है। आप उनकी समस्याओं का समाधान करने के लिए बाध्य नहीं हैं; कभी-कभी, लोगों को बस किसी की ज़रूरत होती है जो उनकी बात सुने।

5. स्पष्टता ही राजा है (शब्दजाल के जंगल को काटना)

क्या आप कभी किसी मीटिंग में बैठे हैं जहाँ लोग "सिनर्जी", "सर्कल बैक" और "ड्रिल डाउन" जैसे शब्दों का तब तक इस्तेमाल करते रहे जब तक कि आप चिल्लाना नहीं चाहते थे? हाँ, हम सब ऐसे ही रहे हैं। बातचीत का मतलब यह दिखाना नहीं है कि आप कितने शब्द जानते हैं; बल्कि यह सुनिश्चित करना है कि आपका संदेश स्पष्ट रूप से पहुँचे।

अत्यंत बौद्धिक विचारों को यथासंभव सरलतम अनुप्रयोग में ढालें। अगर आप इसे पाँच साल के बच्चे को समझा सकते हैं, तो आप बहुत आगे नहीं हैं। स्पष्टता सर्वोपरि है, और जब आप स्पष्ट रूप से बात करते हैं तो लोग ज़्यादा स्पष्ट रूप से सुनते हैं।

6. लचीलापन (जीभ के लिए गिरगिट बनें)

ये वही पुरानी दुनिया है; आपको बस धाराप्रवाह दिखना है, बोर्डरूम की शब्दावली और अनौपचारिक बातचीत के बीच बिना किसी अटपटे विराम के सहजता से बदलाव करते रहना है। आपको अपने बॉस के साथ KPI पर उतनी ही सहजता से चर्चा करनी होगी

जितनी सहजता से आप वाटर कूलर पर सप्ताहांत की योजनाओं पर बात करते हैं।

भाषाई गिरगिट का मतलब है भीड़ को पढ़ना और अपनी आवाज़ ढूँढ़ना। अगर परिस्थिति की माँग हो, तो "थिंगमाजिग" या "व्हाटचमाकॉलिट" जैसे शब्दों का इस्तेमाल पेशेवर तौर पर भी किया जा सकता है। थोड़ा सा हास्य और अनौपचारिकता, आपसी तालमेल बनाने में काफ़ी मददगार साबित हो सकती है।

7. संघर्ष समाधान: "आप गलत हैं" से "आप सही हैं, लेकिन।"

संघर्ष समाधान का अर्थ है चतुराई से किसी सहमत निष्कर्ष पर पहुँचना। अक्सर, "आप गलत हैं" के दावे से "आप सही हैं, लेकिन" के स्पष्टीकरण की ओर बढ़ना ज़रूरी होता है।

चाहे सगाई हो, शादी हो या सिर्फ़ प्रेम-प्रसंग, टकराव तो होगा ही। फिर भी, बात कभी भी उनसे बचने की नहीं, बल्कि समझदारी से उन मतभेदों को सुलझाने की होती है। सीधे-सीधे यह कहने के बजाय कि "आप ग़लत हैं," इस तरह के शब्दों से टकराव को कम करने की कोशिश करें, "आप सही हैं, लेकिन यहाँ एक और नज़रिया है।"

इससे न सिर्फ़ तनाव कम होता है, बल्कि रचनात्मक संवाद का मंच भी मिलता है। असली जादू तो इस एक-दूसरे के आह्वान को सार्थक बातचीत में बदलने में है, जहाँ दोनों पक्षों की आवाज़ सुनी जाए।

8. डिजिटल कूटनीति (अपने ईमेल में आत्मा का संचार करना))

ईमेल बातचीत से गर्मजोशी और व्यक्तित्व को कैसे छीन लेते हैं, यह एक तरह से थका देने वाला अनुभव है, इसलिए दोस्ताना संदेश भी ठंडे और बेजान से लगते हैं। लेकिन ऐसा होना ज़रूरी नहीं है। इन ईमेल में कुछ निजी स्पर्श जोड़कर थोड़ी जान डाल दीजिए—एक खुशनुमा अभिवादन, थोड़ा हास्य, या समय पर लिखा गया विस्मयादिबोधक चिह्न ही काफी है।

और सभी पवित्र चीज़ों के लिए, जब तक बिल्कुल ज़रूरी न हो, हर कीमत पर "सभी को जवाब दें" जैसे डरावने काम से बचें। थोड़े से व्यक्तित्व के साथ एक अच्छी तरह से लिखा गया ईमेल, डिजिटल युग में भी, एक स्थायी छाप छोड़ सकता है।

9. कहानी सुनाना (व्याख्यात्मक नृत्य का सहारा लिए बिना दर्शकों को मोहित करना):

तथ्य और आंकड़े मददगार हो सकते हैं, लेकिन कहानियां दिल को छू जाती हैं; चाहे आप अपने ग्राहक को कोई विचार दे रहे हों या अपने बॉस को यह समझा रहे हों कि आपको बस एक अतिरिक्त दिन की छुट्टी चाहिए, अपने संवाद के बीच में एक कहानी को शामिल करने से वह अधिक विश्वसनीय, यादगार और सुनने में आनंददायक बन जाती है।

अपने श्रोताओं को अपनी बात सुनने के लिए प्रेरित करने के लिए किसी महाकाव्य या रोमांचक कहानी की रचना करना ज़रूरी नहीं है। कभी-कभी, सीईओ पर कॉफ़ी गिरने जैसी एक साधारण कहानी

भी काम कर सकती है। बस यह सुनिश्चित करें कि आपकी कहानी का मुद्दा स्पष्ट हो और वह आपकी बात को पूरी तरह से स्पष्ट करे।

10. फीडबैक फाइनेस: रचनात्मक आलोचना की कला (आत्माओं को कुचले बिना)

लोगों को यह सुनना पसंद नहीं आता कि वे कुछ गलत कर रहे हैं, लेकिन रचनात्मक आलोचना उनके लिए सबसे अच्छी चीज़ों में से एक है। यह संदेश को इस तरह से पहुँचाने की बात है कि व्यक्ति किसी भी तरह से किसी भी बात से सहमत न हो।

फिर, ज़ाहिर है, पुराना "फ़ीडबैक सैंडविच" भी है, जिसका सीधा सा मतलब है अपनी आलोचना को दो तारीफ़ों के बीच रखना। सकारात्मक शुरुआत करें, अपनी आलोचना को सौम्यता से आगे बढ़ाएँ, और फिर एक और सकारात्मक बात के साथ समापन करें। अगर आप इसे सही तरीके से करेंगे, तो लोग अपनी कमज़ोरियों को बताने के लिए आपको धन्यवाद देंगे।

11. संचार में प्रशंसा की शक्ति

संचार में सराहना सबसे सूक्ष्म लेकिन महत्वपूर्ण उपकरणों में से एक है और यह जुड़ाव, विश्वास और सहयोग स्थापित करती है। लोग जितना अधिक मूल्यवान और पहचाने जाते हैं, वे बातचीत के लिए उतने ही अधिक खुले, सक्रिय और प्रेरित होते हैं। किसी सहकर्मी के प्रयास, किसी मित्र के सहयोग, या किसी ग्राहक के विश्वास के लिए सच्ची सराहना समग्र संचार अनुभव को मज़बूत और बेहतर बनाती है।

किसी के प्रयासों के लिए एक साधारण "धन्यवाद" या आभार व्यक्त करने का गहरा प्रभाव पड़ सकता है, जिससे दूसरों को यह महसूस होता है कि उनकी कद्र की जा रही है और उनकी बात सुनी जा रही है। यह अक्सर सकारात्मक संबंध बनाने में भी महत्वपूर्ण साबित होता है। रोज़मर्रा की बातचीत में सराहना एक सकारात्मक माहौल बनाने में मदद करेगी जो आपसी सम्मान और सद्भावना को बढ़ावा देती है और बातचीत को और भी सार्थक और उत्पादक बनाती है।

12. प्रशंसा के साथ जिम्मेदारी

सराहना ज़रूरी है, लेकिन साथ ही, उसका सच्चा और सार्थक होना भी उतना ही ज़रूरी है। खोखली या अतिरंजित प्रशंसा अक्सर आपके सामने सतही या चालाकी भरी लगती है। सच्ची सराहना के साथ एक ज़िम्मेदारी भी जुड़ी है: यह समझने और स्वीकार करने के लिए समय निकालना कि कौन और क्या इस ध्यान का हकदार है। इसमें ज़रूरत पड़ने पर प्रशंसा और रचनात्मक आलोचना का संतुलन भी शामिल है, ताकि विकास या सुधार की ज़रूरत उस स्वीकृति पर हावी न हो जाए। कहने का तात्पर्य यह है कि, सोच-समझकर की गई सराहना, संबंध बनाने और दूसरों को अपना सर्वश्रेष्ठ प्रदर्शन करने के लिए प्रोत्साहित करने में मदद करती है। यह संवाद में ईमानदारी और निष्ठा बनाए रखते हुए सहयोग पैदा करती है।

"तो क्या?" निष्कर्ष: सामाजिक कौशल आपके करियर की महाशक्ति क्यों हैं?

तो, आपको इन संचार कौशलों में महारत क्यों हासिल करनी चाहिए? संक्षेप में, प्रभावी संचार आपके व्यक्तिगत और व्यावसायिक जीवन को बेहतर बनाता है। यह सच है क्योंकि जब आप पहली बार में ही अच्छा प्रभाव डाल पाते हैं, ध्यान से सुन पाते हैं, और अपनी शारीरिक भाषा का इस्तेमाल कर पाते हैं, तो रिश्ते मज़बूत होते हैं और नौकरी की संभावनाएँ ज़्यादा आकर्षक होती हैं। ये कौशल आपको मुश्किल परिस्थितियों से गरिमा और हास्य के साथ निपटने और एक ज़्यादा संतोषजनक और सफल करियर और जीवन की ओर ले जाने में मदद करते हैं।

उत्कृष्ट संचार नए अवसरों का द्वार बन सकता है और एक बेहतर टीम गतिशीलता को बढ़ावा दे सकता है, यहाँ तक कि किसी विवाद को भी एक उत्पादक बातचीत में बदल सकता है। यह आपको लोगों के साथ गहरे स्तर पर जुड़ने में मदद करता है, जिससे आप हर मुलाकात में अधिक यादगार और प्रभावशाली बनते हैं।

कैम्पी कॉर्नरः अपने भीतर की सामाजिक तितली (या अजीब कैटरपिलर) को गले लगाना

हम सभी कभी-कभी बातचीत में गलतियाँ कर बैठते हैं। इससे भागने के बजाय, इसका जश्न मनाएँ। अपनी बेढंगी बातचीत को स्वीकार करें, चाहे आप एक सामाजिक तितली हों या एक अजीबोगरीब बिल्ली। कभी-कभी, सबसे अच्छे रिश्ते बिना किसी पछतावे के इंसान बनने से बनते हैं। अपनी गलतियों को साझा करें और उनसे सीखें। आखिरकार, अपूर्णता के ये पल सबसे यादगार होते हैं, है ना?

ज़रा सोचिए: आपको जो शर्मिंदगी महसूस होती है, वह अक्सर दूसरों को हुई शर्मिंदगी जैसी ही होती है, और जब आप खुद पर हँसते हैं, तो आप बातचीत करने वाले को अपने साथ अपना अनुभव साझा करने का मौका देते हैं, जिससे आपके साथ संबंध बेहतर होते हैं। संचार संबंधी गड़बड़ियों का दोष अपने ऊपर लेकर आप खुद को ज़्यादा सहज और सुलभ बनाते हैं।

गूगल द्वंद्व: "हे गूगल, मैं कार्यस्थल पर दोस्त कैसे बनाऊँ? नहीं, मैं किसी पंथ में शामिल नहीं होना चाहता!"

क्या आपने कभी गूगल से "प्रभावी संचार" की परिभाषा पूछी है और आपको ऐसा जवाब मिला है जो रोबोट के हाथ मिलाने से भी ज़्यादा ठंडा लगा हो? यह किसी वेंडिंग मशीन से गले मिलने जैसा है; आपको नाश्ता तो मिल सकता है, लेकिन गर्मजोशी नहीं मिलेगी। यह अध्याय इसी बारे में है: कोई भी सर्च इंजन वास्तविक मानवीय बातचीत की अव्यवस्थित, खूबसूरत कला की जगह नहीं ले सकता। एल्गोरिदम और एआई परिभाषित और सुझाव तो दे सकते हैं, लेकिन वे मानवीय अंतःक्रिया की सूक्ष्मता और जटिलता को उसकी संपूर्ण सुंदरता में नहीं समझ पाते। प्रभावी होना केवल एक नियम या वाक्यांश को दूसरे से बदलने का मामला नहीं है। यह मानवीय संबंधों की सूक्ष्मताओं को समझना और उन पर प्रतिक्रिया देना है।

डिजिटल सहायकों के साथ बहस जीतना एक बड़ी चुनौती हो सकती है। आप जल्दी ही समझ जाएँगे कि एआई जानकारी तो देता है, लेकिन प्रभावी बातचीत के लिए ज़रूरी मानवीय संपर्क की गहराई की जगह नहीं ले सकता। भले ही बहस जीतना आम बात न

हो, लेकिन प्रोग्राम्ड प्रतिक्रियाओं की बजाय अपने अंतर्ज्ञान पर भरोसा करना सीखना बेहद ज़रूरी है।

फ्रेमवर्क की विशेषताएं

मूर्त प्रक्रिया टॉक शो अवधारणा

मूर्त प्रक्रिया वार्ता शो, आकर्षक बातचीत के माध्यम से विचारों को सरल, कार्यान्वयन योग्य चरणों में विभाजित करके रचनात्मक रूप से संप्रेषित करते हैं। यह प्रारूप संवाद और सहभागिता को प्रोत्साहित करता है, कहानियों, उदाहरणों और प्रदर्शनों का उपयोग करके महत्वपूर्ण बिंदुओं को उजागर करता है। यह दर्शकों के लिए संचार को अधिक व्यावहारिक और प्रासंगिक बनाता है, उन्हें सक्रिय रूप से शामिल रखता है और यह सुनिश्चित करता है कि वे एक स्पष्ट समझ के साथ जाएँ। इसका लक्ष्य यह है कि प्रत्येक चर्चा से व्यावहारिक निष्कर्ष प्राप्त हों जिन्हें दर्शक तुरंत अपने जीवन में उपयोग कर सकें।

व्यक्ति-केंद्रित और अनुभवजन्य दृष्टिकोण

यह ढाँचा लोगों के वास्तविक जीवन और उनके वास्तविक अनुभवों पर आधारित है, और संचार दृष्टिकोण को तैयार करने के लिए आँकड़ों और अवलोकनों का उपयोग करता है। यह एक ऐसी पद्धति है जो आपके संवाद को उस व्यक्ति या समूह के अनुरूप ढालने पर अधिक केंद्रित है जिसके साथ आप संवाद कर रहे हैं, अर्थात आप एक-दूसरे के दृष्टिकोण या कम से कम, ज़रूरतों और प्राथमिकताओं पर विचार करेंगे। विशुद्ध सिद्धांत या मान्यताओं से हटकर, यह दृष्टिकोण मनोविज्ञान, समाजशास्त्र और संचार

अध्ययनों पर शोध में प्रयुक्त एक साक्ष्य-आधारित तकनीक पर आधारित है ताकि यह सुनिश्चित किया जा सके कि संचार व्यवहार में काम करने वाली चीज़ों पर आधारित हो। इसका अर्थ है कि व्यक्ति-केंद्रितता मज़बूत बंधन बनाने में मदद करती है, जबकि अनुभवजन्य आधार यह सुनिश्चित करता है कि अपनाई जा रही रणनीतियाँ वास्तव में प्रभावी और परिणाम देने वाली हैं।

पारस्परिक परीक्षण

पारस्परिकता के परीक्षण हेतु दस क्षेत्रों की खोज

पारस्परिकता परीक्षण व्यक्तिगत और व्यावसायिक संबंधों में लेन-देन के संतुलन की जाँच करता है। इस संबंध में यह एक बहुत ही प्रभावी उपकरण हो सकता है। यह दस-स्तरीय परीक्षण उन दस महत्वपूर्ण क्षेत्रों का मूल्यांकन करता है जो पारस्परिकता और संतुलन की अनुमति देते हैं ताकि यह पता लगाया जा सके कि बातचीत पारस्परिक रूप से सहायक है या एकतरफ़ा।

ये दस क्षेत्र हैं:

1. भावनात्मक समर्थन
2. कोशिश
3. समय
4. संचार
5. विश्वास
6. आदर
7. निष्ठा
8. उदारता

9. प्रतिक्रिया
10. साझा लक्ष्य

इससे उन्हें यह पता लगाने में मदद मिलती है कि वे बहुत ज़्यादा देते हैं या बहुत कम, और क्या दूसरा व्यक्ति भी मूल्य के मामले में बदले में कुछ देता है। इस परीक्षण का उपयोग यह पता लगाने के लिए किया जा सकता है कि किस कारण असंतुलन पैदा हो सकता है और उस असंतुलन को कैसे संतुलित किया जा सकता है ताकि एक अधिक संतुलित, स्वस्थ रिश्ता बनाया जा सके जहाँ दो व्यक्ति मूल्यवान और समर्थित महसूस करें।

वर्डस्विच: जवाबदेही के लिए संचार में बदलाव

जवाबदेह भाषा अपनाने से दोषारोपण और शिकायतों को कम करने में मदद मिल सकती है और साथ ही रचनात्मक संवाद को बढ़ावा मिल सकता है। ये बदलाव करने में आपकी मदद के लिए यहाँ एक तालिका दी गई है।

हटाना	**जोड़ना**
कोशिश	अपनी पूरी कोशिश
आप	मैं
चाहिए	सकना
लेकिन	और/या फिर भी
मुझें नहीं पता	एक कारण यह है कि

नहीं कर सकता	नहीं होगा
कभी नहीं	0
हमेशा	0

जब तक आप इन दस आज्ञाओं में निपुण हो जाएँगे और जान जाएँगे कि इन्हें कब तोड़ना है, तब तक आप संचार के क्षेत्र में एक शक्तिशाली व्यक्ति बन जाएँगे। आप सीईओ को प्रभावित कर पाएँगे, ग्राहकों का दिल जीत पाएँगे, और सबसे मुश्किल बातचीत को भी ऐसे निपटा पाएँगे जैसे कि वह दुनिया का सबसे आसान काम हो। लेकिन इससे भी बढ़कर, आप जानेंगे कि व्यक्तित्व ही आपकी सबसे बड़ी संपत्ति है।

इस अध्याय में, हमने देखा कि संचार में व्यक्तित्व क्यों महत्वपूर्ण है, बातचीत को बेहतर बनाने के कौशल, और संचार की हमारी यात्रा में सफलताओं और असफलताओं, दोनों को स्वीकार करने का महत्व। याद रखें, आपका चरित्र और सच्चा जुड़ाव ही आपको दूसरों से अलग बनाता है। इन गुणों में निपुणता प्राप्त करके एक उत्कृष्ट संचारक बनें जो अपनी बात को स्पष्ट रूप से व्यक्त करे और एक स्थायी विरासत छोड़े।

अध्याय 2: मल्टीटास्किंग - जलती हुई चेनसॉ से करतब दिखाना (लाक्षणिक रूप से)

Outcome – Ethic

Story – Personal

Segment – Influence

Trait – Chemistry

Test – Resolute

DFY – Name attributes

मल्टीटास्किंग को अक्सर आधुनिक युग की महाशक्ति माना जाता है। यह एक ऐसा कौशल है जिसके बारे में ज़्यादातर लोग मानते हैं कि यह व्यस्त दिनचर्या की ज़रूरतों को पूरा कर सकता है। हालाँकि, दूसरी ओर, यह मुसीबत का कारण भी बन सकता है। हम जितना ज़्यादा एक ही समय में सब कुछ एक साथ करने की कोशिश करेंगे, कुछ गड़बड़ होने की संभावना उतनी ही ज़्यादा होगी। ज़्यादातर लोग अपनी आसानी से मल्टीटास्किंग करने की क्षमता पर गर्व करते हैं, लेकिन सच्चाई यह है कि मल्टीटास्किंग से बहुत आसानी से गलतियाँ हो सकती हैं—कुछ छोटी, तो कुछ बेहद शर्मनाक, और मैंने यह सबक मुश्किल से सीखा।

यह एक ऐसा दिन था जब जो कुछ भी गलत हो सकता था, वह सचमुच हो गया। मैं ऑफिस में था, एक साथ दर्जनों अलग-अलग काम निपटा रहा था। मैं एक अंतिम संस्कार के लिए कागजी कार्रवाई पूरी कर रहा था और एक बच्चे की जन्मदिन पार्टी की तैयारियाँ कर रहा था। फ़ोन लगातार बज रहे थे, ईमेल आ रहे थे, और समय सीमाएँ मेरे सिर पर काले बादलों की तरह मंडरा रही थीं। मुझे हमेशा से ही खुद को व्यवस्थित रखने पर गर्व रहा है, लेकिन कभी-कभी सबसे अच्छी योजनाएँ भी गड़बड़ा जाती हैं।

इस शोर-शराबे के बीच, बच्चों की पार्टी के लिए एक पूछताछ का जवाब देते हुए, मैंने किसी तरह अंतिम संस्कार की व्यवस्था करने का फ़ैसला ले लिया। दोनों काम एक साथ करने की होड़ में, कुछ गड़बड़ हो गई। मैंने अनजाने में अंतिम संस्कार में प्रस्तुति देने के लिए बच्चों के मनोरंजनकर्ता—एक जोकर—की बुकिंग कन्फ़र्म कर दी।

मुझे उस अंतिम संस्कार की सुबह तक कुछ समझ नहीं आया जब एक रंगीन कपड़े पहने जोकर उस गमगीन समारोह में उस शांत समय में आया जब सभी शोक मनाने वाले अपनी जगह पर जा रहे थे। उसने अपने चरमराते जूते पहने हुए थे और चेहरे पर एक रंगी हुई मुस्कान थी। कमरा रुक गया, और सबकी निगाहें हैरानी से मुझ पर टिक गईं। यह समझकर मेरा दिल बैठ गया कि क्या हो रहा है।

यह शर्मनाक था, लेकिन जोकर बहुत पेशेवर था। उसे तुरंत एहसास हो गया कि कुछ गड़बड़ है और वह जल्दी से वहाँ से चला गया। हालाँकि वह उलझन में था, लेकिन जोकर बहुत पेशेवर था। और उसे जल्दी ही एहसास हो गया कि कुछ गड़बड़ है और वह

जल्दी से वहाँ से चला गया। सौभाग्य से, परिवार, हालाँकि थोड़ा उलझन में था, बाद में इस पर हँसने का कोई रास्ता निकाल पाया।

उस दिन की दुर्घटना मेरे लिए एक महत्वपूर्ण क्षण थी। इसने मुझे यह सोचने पर मजबूर कर दिया कि मैं कई कामों और क्लाइंट की ज़रूरतों को कैसे संभालता हूँ। यह गड़बड़ी, भले ही शर्मनाक थी, मुझे एक अनमोल सबक सिखा गई: चाहे आप कितने भी दबाव में हों, ध्यान केंद्रित करना ही सबसे ज़रूरी है। उस दिन के बाद से, मैंने फिर कभी दो अलग-अलग कामों को एक साथ बिना पूरा ध्यान दिए करने की कोशिश नहीं की।

दस मल्टीटास्किंग आज्ञाएँ (जब आपसे आठ भुजाएँ रखने की अपेक्षा की जाती है)

मल्टीटास्किंग आपको एक पतली रस्सी पर चलने जैसा लग सकता है, सर्कस के मैदान से बहुत ऊपर चलते हुए, एक साथ सब कुछ संभालते हुए, जिसमें आसन्न समय सीमाएँ और अचानक आने वाले संकट भी शामिल हैं। लेकिन हार मत मानिए; "दस मल्टीटास्किंग कमांडमेंट्स" आपको सबसे व्यस्त परिस्थितियों में भी टिके रहने के लिए आवश्यक कौशल, तरीके और दृष्टिकोण प्रदान करेंगे। क्या आप तनावग्रस्त मल्टीटास्कर के बजाय एक कुशल मल्टीटास्कर बनने के लिए तैयार हैं? चलिए शुरू करते हैं।

1. **प्राथमिकता पार्कौर: तात्कालिकता से आगे बढ़कर महत्व पर पहुंचना:**प्राथमिकता तय करने की कला मल्टीटास्किंग के विज्ञान में निहित है। जो काम आपका ध्यान खींच रहा है, वह शायद सबसे ज़रूरी काम न हो, लेकिन आपकी सर्वोच्च

प्राथमिकताएँ आसानी से इस अफरा-तफरी में दब सकती हैं। इसे पार्कौर की तरह समझें; आप ध्यान भटकाने वाले कामों (ज़रूरी लेकिन महत्वहीन कामों) को दरकिनार कर देते हैं और जहाँ ज़रूरी है, वहाँ खूबसूरती से पहुँच जाते हैं।

एक सुझाव के लिए:एक "प्राथमिकता मैट्रिक्स" विकसित करें और अपने कार्यों को चार चतुर्भुजों में विभाजित करें

अत्यावश्यक एवं महत्वपूर्ण (उच्च प्राथमिकता)

अत्यावश्यक नहीं, परन्तु महत्वपूर्ण (रणनीति)

अत्यावश्यक लेकिन महत्वपूर्ण नहीं (प्रतिनिधि)

न तो जरूरी और न ही महत्वपूर्ण (इससे छुटकारा पाएं)।

अपने कार्यों को इस प्रकार क्रमबद्ध करने से आप उन चीजों पर ध्यान केंद्रित कर पाएंगे जो महत्वपूर्ण हैं, न कि उन चीजों पर जो आपका ध्यान आकर्षित कर रही हैं।

2. **किक के साथ पोमोडोरो तकनीक: हृदय गति रुकने के बिना तेजी से कार्य पूरा करना:**जब आपका कार्यस्थल तीन-रिंग सर्कस जैसा लगने लगे, तो आपको पोमोडोरो तकनीक की ज़रूरत पड़ सकती है। इसमें 25 मिनट तक लगातार काम करना और उसके बाद छोटे-छोटे ब्रेक लेना शामिल है। उत्पादकता के छोटे-छोटे झटकों की यह श्रृंखला आपको बिना थके बड़े प्रोजेक्ट्स को टुकड़ों में पूरा करने में मदद करती है।

थोड़ी चुनौती जोड़ने के लिए, पोमोडोरो स्प्रिंट को प्राथमिकता निर्धारण के साथ मिलाएँ। अपने सभी उच्च-प्राथमिकता वाले कार्यों

को पहले पूरा करें और फिर बाकी को धीरे-धीरे पूरा करें। इससे आप उत्पादक बने रहेंगे और आपको यह महसूस नहीं होगा कि आप हमेशा टूटने के कगार पर हैं।

3. **प्रतिनिधिमंडल का प्रभुत्व: दोष किसी और पर डाले बिना जिम्मेदारी टालना:**एक साथ कई काम करने वालों के लिए काम सौंपना एक गुप्त हथियार है, हालाँकि इसके साथ अक्सर अपराधबोध या नियंत्रण खोने का डर जुड़ा होता है। निष्कर्ष? प्रभावी काम सौंपना तब होता है जब आप काम दूसरों को सौंपते हैं और अंतिम परिणाम के लिए खुद भी जवाबदेह होते हैं।

इसका तरीका यह है: कार्य को टुकड़ों में बाँटें और प्रत्येक व्यक्ति की क्षमताओं के आधार पर उन्हें उसी के अनुसार सौंपें। कार्य सौंपने को एक ऐसे अवसर के रूप में प्रस्तुत करें जो यह बताए कि यह कार्य आपके सहकर्मी या टीम के लिए कैसे लाभदायक है। कार्य सौंपने की कला का अर्थ अपने ऊपर से काम हटाना नहीं है, बल्कि अपना ध्यान केंद्रित रखते हुए दूसरों को अपनी प्रतिभा दिखाने का अवसर देना है।

4. **बिना दिमाग को नुकसान पहुंचाए संदर्भ स्विचिंग:**कार्यों के बीच बार-बार बदलाव, खासकर अगर इसे ठीक से प्रबंधित न किया जाए, तो मानसिक थकान और अकुशलता का कारण बन सकता है। लगातार असंबंधित कार्यों के बीच कूदने से ध्यान भटकता है और ऊर्जा नष्ट होती है।

एक उपयोगी तरकीब है मानसिक बुकमार्क बनाना। हर बार जब आप एक काम से दूसरे काम में जाते हैं, तो थोड़ा समय निकालकर लिख लें कि आप कहाँ हैं और आगे क्या करना है। शुरुआती काम

पर वापस लौटने से यह सुनिश्चित होगा कि आपको यह याद करने में समय बर्बाद नहीं करना पड़ेगा कि आप क्या कर रहे थे और आप वहीं से शुरू कर सकते हैं जहाँ से आपने छोड़ा था।

5. **उत्पादकता का भ्रम: दूसरों को (और स्वयं को भी) यह सोचकर मूर्ख बनाना कि आप अलौकिक हैं:**उत्पादकता का भ्रम एक ऐसा दृष्टिकोण है जिसमें लंबे समय तक काम करने के बजाय चतुराई और रणनीतिक प्रयास शामिल होते हैं। इसका उद्देश्य अपेक्षाकृत कम समय में अधिकतम परिणाम प्राप्त करना है और साथ ही, यह दिखाना है कि आप हमेशा हर चीज़ पर नियंत्रण रखते हैं।

दिन की शुरुआत में उन कामों पर ध्यान केंद्रित करना सीखें जो दिखाई देते हैं और प्रभावशाली होते हैं, जिससे उत्पादकता का भ्रम पैदा होता है। ज़रूरी ईमेल निपटाना, अपडेट शेयर करना, या कुछ छोटे-मोटे काग पूरे करना, ऐसा लगता है जैसे आप एक ही समय में हर जगह मौजूद हैं, जबकि ये सब आराम से बैठकर अपनी ऊर्जा का कुशलतापूर्वक प्रबंधन करते हुए हो रहा है। यह सब आपके प्रयास को सहज दिखाने के बारे में है।

6. **तकनीकी टेट्रिस: बिना गिरे ऐप्स और टूल्स को ढेर करना:**इतने सारे ऐप्स और टूल्स आपका ध्यान खींचने के लिए प्रतिस्पर्धा कर रहे हैं, इसलिए नोटिफिकेशन और डैशबोर्ड के समुद्र में खो जाना आसान है। ज़रूरी है कि आप अपने उत्पादकता टूल्स को टेट्रिस की तरह इस्तेमाल करें—ध्यान से केवल वही चुनें जो आपके वर्कफ़्लो में पूरी तरह से फिट बैठता हो।

हर उस ऐप को डाउनलोड करने की इच्छा से बचें जो आपको पसंद आए। इसके बजाय, अपने टूलकिट को व्यवस्थित करें। कुछ ऐसे टूल जोड़ें जो एक-दूसरे का समर्थन करते हों, जैसे कार्य प्रबंधन के लिए ट्रेलो, संचार के लिए स्लैक, और शेड्यूल करने के लिए एक सरल कैलेंडर। आपको ऐसे टूल चाहिए जो आपके लिए काम करें, न कि आपको डेटा में डुबो दें।

7. **'नहीं' कहने की कला: अपने करियर को नुकसान पहुंचाए बिना कार्यों को अस्वीकार करना:**'ना' कहना एक कला है, या कम से कम एक मूल्यवान कौशल, खासकर जब आप एक साथ कई काम कर रहे हों। हालाँकि, किसी एक काम के लिए 'ना' कहना हमेशा एक बारूदी सुरंग में काम करने जैसा लगता है। बहुत सारे कामों को अस्वीकार करने से लोगों को नाराज़ करना बहुत आसान है। लेकिन दूसरी ओर, बहुत ज़्यादा काम स्वीकार करने से बर्नआउट हो सकता है।

प्रभावी ढंग से ना कहना सीखें: "गुणवत्ता, मात्रा नहीं।" "मैं इसमें योगदान देना चाहूँगा, लेकिन फिलहाल मेरा ध्यान (प्राथमिकता वाली परियोजना) पर है। क्या हम इस पर बाद में फिर से विचार कर सकते हैं?"

इससे यह पता चलता है कि आप अपने कार्यों के प्रति सजग हैं, महत्वपूर्ण कार्यों पर ध्यान केंद्रित कर रहे हैं, तथा उच्च प्रभाव वाले परिणाम दे रहे हैं - लेकिन आप आलसी नहीं हैं।

8. **मल्टीटास्किंग माइंडफुलनेस: अपने मन में मौजूद रहना, भले ही वह कहीं और हो:**कोई कह सकता है कि एक साथ कई काम करने की आपाधापी में वर्तमान में बने रहना नामुमकिन

है। लेकिन सचेतन ध्यान बहुत बड़ा अंतर पैदा करता है। यह आपके ध्यान को काफ़ी बढ़ा सकता है और तनाव को कम कर सकता है।

लेकिन आप यह कैसे कर सकते हैं? सूक्ष्म ध्यान के ज़रिए। उदाहरण के लिए, कामों के बीच में गहरी साँस लें, 30 सेकंड के लिए अपने मन को साफ़ करें और अपना ध्यान फिर से केंद्रित करें। व्यस्त दिन के बीच में शांति पाने से थकान से बचा जा सकता है और आपकी समग्र कार्यक्षमता में सुधार हो सकता है।

9. संकट से निपटना: बिना जले कई आग से निपटना:कभी-कभी ऐसा लग सकता है कि मानो ब्रह्मांड आपके सारे संकट एक साथ लाने की साज़िश रच रहा हो। लेकिन आपको बस इतना करना है कि शांत रहें और इन चुनौतियों का एक साथ सामना करें।

प्राथमिकता तय करने से शुरुआत करें: सबसे बड़ी समस्या क्या है? अपने सामने मौजूद सबसे बड़ी समस्या से निपटें, लेकिन अपनी नज़र में आने वाली छोटी समस्याओं पर भी नज़र रखें। हर संकट को छोटे-छोटे, प्रबंधनीय चरणों में बाँटें ताकि आप स्थिति की गंभीरता से विचलित न हों।

याद करना:कोई भी छोटी प्रगति भी प्रगति ही है।

10. कार्य पूर्णता का एकीकृत सिद्धांत: स्वयं को उलझनों में डाले बिना सब कुछ एक साथ बांधना:मल्टीटास्किंग अक्सर घूमती हुई प्लेटों का खेल लग सकता है, लेकिन प्रभावी मल्टीटास्कर जानते हैं कि अलग-अलग कामों को एक सुसंगत वर्कफ़्लो में कैसे जोड़ा जाए। असली तरकीब उन सामान्य सूत्रों को खोजने में है जो

कामों को एक-दूसरे के साथ प्रतिस्पर्धा करने के बजाय पूरक बनाते हैं।

उदाहरण के लिए, समान कार्यों को समूहबद्ध करने से, जैसे कॉल करना या ईमेल का जवाब देना, आप उन्हें बहुत तेज़ी से और बार-बार संदर्भ-परिवर्तन किए बिना पूरा कर पाएँगे। पहचानें कि कहाँ कार्य ओवरलैप होते हैं और एक ऐसा वर्कफ़्लो बनाने के लिए काम करें जो गति का लाभ उठा सके। परिणाम? आप अव्यवस्था में व्यवस्था लाएँगे और सब कुछ सुचारू रूप से संभालकर संतुष्ट महसूस करेंगे।

मल्टीटास्किंग का अव्यवस्थित होना ज़रूरी नहीं है। इन दस मल्टीटास्किंग आज्ञाओं का पालन करने से आपका भारी कार्यभार एक प्रबंधनीय और आत्मविश्वास से भरे अनुभव में बदल सकता है। चाहे आप कार्यों को प्राथमिकता दें, केंद्रित स्प्रिंट में व्यस्त हों, या प्रभावी ढंग से काम सौंपें, ये आज्ञाएँ आपको बिना किसी चूक के अपनी ज़िम्मेदारियों को निभाने का एक रोडमैप प्रदान करती हैं।

13 विशिष्ट लक्षण

एक बहु-कार्यशील वातावरण में, गहरे संबंधों और व्यक्तिगत विकास को बढ़ावा देने के लिए, मानवीय अंतःक्रियाओं और अनुभवों को प्रभावित करने वाली प्रत्यक्ष विशेषताओं को समझना अत्यंत महत्वपूर्ण है। इन विशेषताओं में कई प्रकार के गुण शामिल हैं जो लोगों के स्वयं के प्रति दृष्टिकोण और दूसरों के साथ उनके व्यवहार को प्रभावित करते हैं।

नीचे 13 प्रमुख गुण दिए गए हैं जो जीवन के विभिन्न पहलुओं में संचार, सहयोग और समग्र प्रभावशीलता को बढ़ा सकते हैं:

1. **इच्छा:**बिना किसी हिचकिचाहट के कार्रवाई करने या कार्यों में संलग्न होने की तत्परता, कुछ करने के लिए उत्सुकता या तत्परता दिखाना।
2. **भावनाएँ:**सहज और सहजानुभूतिपूर्ण प्रतिक्रियाएं जो व्यक्ति की आंतरिक भावनाओं को प्रतिबिंबित करती हैं, अक्सर निर्णय लेने और अंतःक्रियाओं को प्रभावित करती हैं।
3. **संभावना:**विभिन्न प्रयासों में बढ़ने, प्राप्त करने या सफल होने की अंतर्निहित क्षमता या योग्यता, भले ही वह अभी तक पूरी तरह से साकार न हुई हो।
4. **प्रतिवेदन:** आपसी सम्मान और समझ पर आधारित रिश्ता, व्यक्तियों के बीच विश्वास और खुले संवाद को बढ़ावा देता है।
5. **रसायन विज्ञान:** लोगों के बीच जटिल अंतःक्रिया या संबंध, जो उनकी स्वाभाविक आत्मीयता और सामंजस्यपूर्ण जुड़ाव को दर्शाता है।
6. **प्रकृति की सामग्री:**विश्व में अवलोकनीय एवं मापनीय भौतिक घटनाएं, जिनमें प्राकृतिक पर्यावरण एवं अंतर्निहित गुण दोनों सम्मिलित हैं।
7. **भेदभाव:** विभिन्न तत्वों के बीच अंतर करने, देखे गए अंतरों के आधार पर निर्णय लेने की क्षमता।

8. **कॉमेडी**:परिस्थितियों में हास्य ढूंढने और उसे व्यक्त करने की क्षमता, अक्सर शब्दों के खेल या रोजमर्रा की जिंदगी की मनोरंजक अंतर्दृष्टि के माध्यम से।
9. **चरित्र**: मानसिक और नैतिक गुणों का समूह जो किसी व्यक्ति के नैतिक ढांचे को परिभाषित करता है, उनके व्यवहार और निर्णयों का मार्गदर्शन करता है।
10. **व्यक्तित्व**:विशिष्ट गुण और व्यवहार जो किसी व्यक्ति को अद्वितीय बनाते हैं, तथा यह निर्धारित करते हैं कि वह दुनिया के साथ किस प्रकार व्यवहार करता है।
11. **बुद्धिमत्ता**: वह मानसिक क्षमता जो तर्क करने, समस्या सुलझाने, सीखने और नई परिस्थितियों के अनुकूल ढलने में सक्षम बनाती है।
12. **विवेक**:आंतरिक आवाज जो नैतिक निर्णय का मार्गदर्शन करती है, तथा व्यक्तिगत मूल्यों के आधार पर सही और गलत में अंतर करने में मदद करती है।
13. **ट्रिगर: बाहरी**उत्तेजनाएं जो स्वचालित प्रतिक्रिया या भावनात्मक प्रतिक्रिया को उत्तेजित करती हैं, जो अक्सर पिछले अनुभवों या संवेदनशीलताओं से जुड़ी होती हैं।

ये स्पष्ट विशेषताएं हमारी व्यक्तिगत और व्यावसायिक अंतःक्रियाओं को बढ़ाती हैं तथा हमें अधिक प्रभावशीलता और समझ के साथ मल्टीटास्किंग की जटिलताओं को पार करने में सक्षम बनाती हैं।

विशेषताओं के नामकरण की शक्ति

खुद को और दूसरों के साथ अपने व्यवहार को समझने के लिए, गुणों को नाम देना ज़रूरी है। इन विशेषताओं को पहचानकर और वर्गीकृत करके, हम एक ऐसा ढाँचा स्थापित करते हैं जो आत्म-जागरूकता और व्यक्तिगत विकास को बढ़ावा देता है। बेहतर संचार को बढ़ावा देने के अलावा, यह प्रक्रिया हमारे फायदे और नुकसान का अधिक गहन विश्लेषण करने में सक्षम बनाती है, जो कार्यों की प्राथमिकता तय करने और ऊर्जा प्रबंधन में सहायक होता है।

विशेषताओं को नाम देने के मुख्य लाभ इस प्रकार हैं:

भाषा प्रदान करने में सहायता करता है:गुणों का नामकरण करने से हमें वे शब्द मिलते हैं जिनकी हमें अपने और दूसरों के गुणों का वर्णन करने और उन्हें बेहतर ढंग से समझने के लिए आवश्यकता होती है, जिससे स्पष्ट संचार को बढ़ावा मिलता है।

उनके गुणों को लेबल करें:एक बार जब लोग अपनी विशेषताओं की पहचान कर लेते हैं, तो वे अपनी ताकत और कमजोरियों के बारे में अधिक जागरूक हो जाते हैं और इस प्रक्रिया में, उनका आत्म-साक्षात्कार या व्यक्तिगत विकास अधिक होता है।

एक स्क्रैच स्पेसगुणों की परिभाषा मन में चिंतन के लिए स्थान बनाती है, जहां हम लिख सकते हैं और प्रयोग कर सकते हैं कि हम स्वयं को और दूसरों को किस प्रकार देखते हैं।

भविष्यसूचक शक्ति:अपने आप में और अन्य लोगों में विशेषताओं की पहचान करने से उन पैटर्नों से उत्पन्न होने वाली

भविष्य की क्रियाओं या प्रतिक्रियाओं का पूर्वानुमान लगाने की अनुमति मिलती है।

सहसंबंध क्लस्टर:हम यह पहचान सकते हैं कि किस प्रकार विभिन्न गुण मिलकर समूह बनाते हैं जो हमारे व्यक्तित्व और व्यवहार को परिभाषित करते हैं।

हमारे लघु संस्करण:ये नामित विशेषताएँ हमारे सम्पूर्ण व्यक्तित्व का सरलीकृत प्रतिनिधित्व करती हैं, जिससे हमें जटिल व्यक्तित्व को समझने में आसानी होती है।

विचार और भावनाएँ:गुणों का नामकरण हमें अपने विचारों और भावनाओं का वर्णन करने में सक्षम बनाता है, जिससे हम स्वयं को बेहतर ढंग से समझ पाते हैं और अपनी भावनात्मक और मानसिक स्थिति को प्रबंधित कर पाते हैं।

कम विरोधाभास:गुणों को काला या सफेद बताने के बजाय, उन्हें नाम देने से हमें अपने बारे में अधिक सूक्ष्म समझ प्राप्त होती है और हमारे गुणों का स्पेक्ट्रम प्रकट होता है।

इन विशेषताओं को पहचान कर और नाम देकर, हम अपनी जटिलताओं से निपटने और अपनी अंतःक्रियाओं को बढ़ाने के लिए स्वयं को सशक्त बनाते हैं, जिससे अंततः व्यक्तिगत और व्यावसायिक विकास को बढ़ावा मिलता है।

"तो क्या?" निष्कर्ष: मल्टीटास्किंग में महारत हासिल करना क्यों महत्वपूर्ण है (भले ही यह असंभव हो)

आज की तेज़-तर्रार और अस्त-व्यस्त दुनिया में जीवित रहने के लिए, तकनीकी रूप से असंभव, एक साथ कई काम करने की

क्षमता होना अभी भी ज़रूरी है। यह दर्शाता है कि कोई भी व्यक्ति बिना किसी रुकावट के जटिलता और दबाव का प्रबंधन कर सकता है। कार्यों को एक साथ करने की क्षमता, या कम से कम ऐसा करते हुए दिखना, करियर की सफलता से गहराई से जुड़ा है। अगर सही तरीके से किया जाए, तो एक साथ कई काम करने से ग्राहकों की संतुष्टि में वाकई बढ़ोतरी हो सकती है क्योंकि चाहे किसी भी तरफ से माँग आ रही हो, कोई भी चीज़ छूटती नहीं है।

इससे भी ज़्यादा ज़रूरी बात यह है कि मल्टीटास्किंग का भ्रम— प्राथमिकताओं को प्रबंधित करने, काम सौंपने और व्यवस्थित रहने की कला—आपके मानसिक संतुलन को बनाए रख सकता है। जब आप एक साथ हर जगह मौजूद होने का आभास देते हैं, तो आप दूसरों के साथ-साथ खुद को भी मूर्ख बना रहे होते हैं, और एक ऐसे माहौल में नियंत्रण की भावना पैदा कर रहे होते हैं जो अन्यथा बहुत व्यस्त होता है।

अंततः, यह सब कुछ एक साथ करने की वास्तविक स्थिति के बारे में नहीं है, बल्कि समय और कार्यों को इस तरह प्रबंधित करने के बारे में है जो आपको आगे बढ़ाता रहे। जब कुशलता से किया जाता है, तो यह आपको उस दुनिया में फलने-फूलने की शक्ति देता है जहाँ बिना थके निरंतर उत्पादकता की अपेक्षा की जाती है।

कैम्पी कॉर्नरः ऑक्टोपस की आठ भुजाएं होती हैं, लेकिन आखिर उनकी जरूरत किसे है?

कभी-कभी, जब मल्टीटास्किंग गड़बड़ा जाती है, तो सबसे अच्छा यही है कि आप इसे अनदेखा कर दें। हम सभी के साथ ऐसे पल आए

हैं जब बहुत सारे काम एक साथ करने की कोशिश में बड़ी-बड़ी मुसीबतें आ जाती हैं: कोई गलत ईमेल भेज दिया गया हो, ज़रूरी दस्तावेज़ों पर कॉफ़ी पड़ गई हो, या फिर आपके डेंटिस्ट के अपॉइंटमेंट पर कोई उलझन में पड़ा प्लंबर आ गया हो। अब, मल्टीटास्किंग में होने वाली गड़बड़ियाँ वाकई बड़ी सफलताएँ दिला सकती हैं। और यह इस बात का सबूत है कि कभी-कभार कुछ लापरवाही बरतने से दुनिया खत्म नहीं हो जाती।

मल्टीटास्किंग को एक ऑक्टोपस की तरह पियानो बजाने की कोशिश करते हुए सोचें—यह बेहद हास्यास्पद लग सकता है। फिर भी, कभी-कभी, जो धुन निकलती है, वह ऐसी होती है जो आप तब भी नहीं बना पाते अगर सब कुछ सही ढंग से होता। इसलिए, अगली बार जब आप कामों के बोझ तले दबे हों, तो उसकी बेतुकी बातों पर हँसना सीखें। इस बेतुकी बात का जश्न मनाने से शायद आप उन कामों के लिए रचनात्मक समाधान खोज पाएँ जिनकी आपने कभी कल्पना भी नहीं की होगी—और हो सकता है कि आप इस सफ़र का आनंद भी लें।

गूगल द्वंद्व: "हे गूगल, मल्टीटास्किंग का सबसे अच्छा तरीका क्या है? नहीं, मैं प्लानर नहीं खरीदना चाहता!"

हम सभी इस स्थिति से गुजरे हैं, जब हम अपने डिजिटल असिस्टेंट पर गुस्से में टाइपिंग करते या चिल्लाते हैं, और वे सभी हमें नया उत्पादकता ऐप या प्लानर खरीदने के बारे में कुछ सुझाव देते हैं; संभवतः आप ऐसी मदद नहीं चाहते होंगे।

आइए इसका सामना करें: कोई भी AI, चाहे उसे कितनी भी अच्छी तरह से प्रोग्राम किया गया हो, मानव मस्तिष्क की अनुकूलन, सुधार और अपनी गलतियों पर हँसने की अद्वितीय क्षमता की जगह नहीं ले सकता। हाँ, तकनीक कार्यों को स्वचालित करके जीवन को आसान बना सकती है, लेकिन मानवीय सरलता और खुद पर हँसने की क्षमता हमें आधुनिक जीवन की कठिन परिस्थितियों में भी अच्छी तरह से फलने-फूलने में मदद करती है। कल्पना कीजिए कि रोबोटों की एक सेना मिलीसेकंड तक एक रंग-कोडित शेड्यूल के साथ काम कर रही है—AI-संचालित मल्टीटास्किंग कुछ ऐसी ही दिख सकती है।

सुनने में तो कारगर लगता है, है ना? लेकिन इसमें मज़ा कहाँ है? ज़िंदगी की उलझनों से निपटने और ऐसे समाधान ढूँढ़ने में एक अनोखा मानवीय गुण है जिसका अंदाज़ा कोई एल्गोरिदम नहीं लगा सकता। हमारी खामियाँ और सहजता ही हमें एआई और इंसानों के बीच मल्टीटास्किंग मुकाबले में असली विजेता बनाती हैं। तो, अगली बार जब गूगल आपको किसी और प्लानर की ज़रूरत बताए, तो बस मुस्कुरा दीजिये; उन सुव्यवस्थित पंक्तियों के पीछे आपका सबसे बड़ा गुप्त हथियार छिपा है: अव्यवस्था को गले लगाना।

मज़ाकिया सेवा और मज़ाकिया प्रभाव

व्यक्ति-केंद्रित परिवर्तन को समझना

मल्टीटास्किंग की कला सिर्फ आपके इनबॉक्स या टू-डू सूची में ही नहीं होती; यह एक सामाजिक कौशल भी है।

हंसी-मज़ाक, यानी हल्की-फुल्की और मज़ाकिया बातचीत आपसी संवादों को बदल सकती है और मज़बूत रिश्तों को बढ़ावा दे सकती है। दूसरे काम निपटाते हुए बातचीत में शामिल होने की कला सीखना दिखाता है कि लोगों से जुड़े रहना कितना ज़रूरी है, भले ही आप कई कामों में व्यस्त हों। यह बस संवाद का खेल है और बाकी सब चीज़ों को संतुलित रखते हुए, सामने वाले व्यक्ति के साथ पूरी तरह से जुड़े रहना है।

बातचीत करने की कला

मानव-से-मानव मल्टी-टास्किंग की कला यह जानना है कि बातचीत में कितना हिस्सा लेना है और कब ध्यान केंद्रित करना है। सफल बातचीत से व्यक्तिगत अच्छा महसूस होता है, जिससे लोगों को यह एहसास होता है कि आप एक साथ दस अन्य काम कर रहे हैं और उनकी बात सुनी जा रही है। इस तरह का मल्टी-टास्किंग दृष्टिकोण रिश्तों को बेहतर बनाता है और एक साधारण बातचीत को सार्थक बातचीत में बदल देता है।

प्रभाव मिशन, स्वच्छ स्लेट और मूल्य व्यवस्था (शारीरिक, मानसिक, भावनात्मक और संबंध पहलुओं की खोज)

मल्टीटास्किंग की अवधारणा केवल कार्यों को पूरा करने से कहीं आगे जाती है; यह आपके जीवन के विभिन्न क्षेत्रों में संतुलन बनाने के बारे में है। इसमें चार आयामों में अपनी सर्वोच्च प्राथमिकताओं की पहचान करना शामिल है: शारीरिक, मानसिक, भावनात्मक और सामाजिक। इस बात पर विचार करें कि आप प्रत्येक क्षेत्र में क्या

प्रभाव डालना चाहते हैं और मल्टीटास्किंग आपको इसे प्राप्त करने में कैसे मदद कर सकती है।

"क्लीन स्लेट" मुहावरा उस पल को दर्शाता है जब चीज़ें बहुत ज़्यादा बोझिल हो जाती हैं और आपको अपने दिमाग को रीसेट करने की ज़रूरत होती है। हालाँकि एक साथ कई काम करने से मानसिक तनाव बढ़ सकता है, लेकिन अपने मानसिक स्थान को खाली करने के लिए एक कदम पीछे हटने से आपको अपने कामों पर फिर से ध्यान केंद्रित करने में मदद मिल सकती है।

अंततः, मूल्य संरेखण का अर्थ है अपने कार्यों और रिश्तों को उन चीज़ों के अनुसार व्यवस्थित करना जो आपके लिए सबसे ज़्यादा मायने रखती हैं। अपने मूल मूल्यों की पहचान करके, आप अपने बहु-कार्य प्रयासों को अपने दीर्घकालिक लक्ष्यों के साथ संरेखित कर सकते हैं, यह सुनिश्चित करते हुए कि आप उत्पादक हैं और उन चीज़ों पर काम कर रहे हैं जो वास्तव में मायने रखती हैं। इसका मतलब सब कुछ करना नहीं है; इसका मतलब है उन चीज़ों पर ध्यान केंद्रित करना जो आपके लिए सबसे महत्वपूर्ण हैं।

अध्याय 3: सामाजिक कौशल- मित्र कैसे बनाएँ और अंतर्मुखी लोगों को कैसे डराएँ

Outcome – Adventure

Story – Hook

Segment – Social

Trait – Discriminate

Test – Candid

क्या आपको वो पल याद है जब आपको पूरा यकीन हो जाता है कि आप ऑफिस के हीरो बनने वाले हैं, लेकिन आखिर में आप वाटर कूलर के पास एक ऐसे इंसान बन जाते हैं जिससे सब चुपचाप बचते हैं? हाँ, उस दिन के बाद मैं भी वैसा ही हो गया।

यह सब एक सरप्राइज़ पार्टी के ज़रिए ऑफिस का मनोबल बढ़ाने के एक शानदार विचार से शुरू हुआ। मैंने सोचा, कुछ अचानक होने वाली मस्ती में क्या बुराई हो सकती है? मैंने सब कुछ पहले से प्लान कर रखा था: स्नैक्स, गुब्बारे, और, ज़ाहिर है, सबसे खास बात—एक कोंगा लाइन। 20 वयस्कों का एक ही कतार में ऑफिस में इधर-उधर घूमना, टीम भावना को और क्या दर्शा सकता है?

लेकिन यहीं पर मेरा नेकनीयत उत्साह हकीकत से टकरा गया। मुझे उम्मीद थी कि सरप्राइज़ की शुरुआत करते हुए, कंफ़ेटी फेंकते हुए और 80 के दशक के जोशीले गाने बजाते हुए लोग हँसी-मज़ाक और हाई-फ़ाइव करेंगे। इसके बजाय, मुझे अजीब सी मुस्कान और चौड़ी आँखों वाली घबराहट का सामना करना पड़ा, खासकर मेरे ज़्यादा अंतर्मुखी सहकर्मियों से। कॉन्गा लाइन—जिसे एक मज़ेदार बॉन्डिंग एक्सपीरियंस बनाने के लिए बनाया गया था—बेचैनी का एक सिलसिला बन गई। मनोबल बढ़ाने की मेरी कोशिश जल्द ही उन सभी के लिए "कृपया इसे खत्म होने दें" वाली स्थिति में बदल गई, जो निजी जगह को महत्व देते थे।

जब तक लाइन खत्म हुई और मैं हाथ में पिचके हुए झंडे लिए खड़ा रहा, तब तक मैंने एक ज़रूरी सबक सीख लिया था: सामाजिक गतिविधियों के मामले में हर कोई आपकी तरह मज़े की परिभाषा नहीं समझता। और कभी-कभी, दोस्त बनाने का सबसे अच्छा तरीका होता है *नहीं*यह मानते हुए कि हर किसी को आश्चर्य कोंगा लाइन पसंद है।

यह कहानी एक मज़ेदार याद दिलाती है कि जुड़ने की चाहत तो सार्वभौमिक है, लेकिन इसे कैसे किया जाए, यह बेहद निजी है। सामाजिक कौशल के लिए उत्साह से कहीं ज़्यादा की ज़रूरत होती है—इसके लिए व्यक्तिगत सीमाओं को समझना, दूसरों के सहजता के स्तर को समझना, और सबसे ज़रूरी, यह जानना ज़रूरी है कि कब रूढ़िवादिता से हटना है।

दस सामाजिक आज्ञाएँ (बहिर्मुखी, अंतर्मुखी और बीच के सभी लोगों के लिए)

चाहे आप मिलनसार हों या सादगी से पेश आते हों, दूसरों के साथ घुलना-मिलना मुश्किल हो सकता है। ये दस आसान नियम आपको सच्चे रिश्ते बनाने के लिए अपने सामाजिक कौशल को बेहतर बनाने में मददगार सुझाव देंगे।

1. **छोटी-छोटी बातचीत की कला: "हमारे यहाँ अच्छा मौसम है" से आगे**:छोटी-छोटी बातें, अगर सोच-समझकर की जाएँ, तो जुड़ाव बनाने का एक प्रभावशाली तरीका हो सकती हैं। बार-बार इस्तेमाल किए जाने वाले और नीरस विषयों पर चर्चा करने के बजाय, खुले प्रश्न पूछें और दूसरों को अपनी रुचियाँ या अनुभव साझा करने के लिए आमंत्रित करें। व्यक्तिगत किस्से भी आपकी बातचीत में गर्मजोशी और जुड़ाव ला सकते हैं। साझा मुद्दों या साझा अनुभवों की तलाश करें, जो ज़्यादा सार्थक विषयों तक पहुँचने का एक स्वाभाविक सेतु बनाते हैं। छोटी-छोटी बातें, ईमानदारी से जुड़ने और ध्यान से सुनने से, रोज़मर्रा की बातचीत से बढ़कर यादगार और आनंददायक आदान-प्रदान का द्वार बन जाती हैं।

2. **कमरे को पढ़ना**:किसी भी कमरे की गतिशीलता को समझना सूक्ष्म, अशाब्दिक संकेतों पर ध्यान देने पर निर्भर करता है। शरीर की मुद्राएँ, चेहरे के भाव और आवाज़ का लहजा किसी व्यक्ति के बारे में बहुत कुछ बताते हैं। व्यक्ति जिस दिशा में मुँह करके बैठा है और उसके चेहरे का भाव आमतौर पर यह दर्शाता है कि वह तनावमुक्त है या रुचि ले रहा है। खुले शरीर के हाव-भाव और सिर हिलाना जुड़ाव का संकेत दे सकता है, लेकिन बाँहें क्रॉस करके

बैठना और नज़रें फेर लेना अरुचि या असहजता का आभास दे सकता है। इन संकेतों के अनुसार अपने लहजे या गति को कब समायोजित करना है, यह जानने से आपको समूह की ऊर्जा के साथ तालमेल बिठाने में मदद मिल सकती है ताकि बातचीत अधिक सहज और सहज हो और प्रतिक्रिया सही ढंग से मिले।

3. **नेटवर्किंग इवेंट्स में जीवित रहने के लिए अंतर्मुखी गाइड (बाथरूम में छुपे बिना):**नेटवर्किंग को डराने-धमकाने वाला नहीं होना चाहिए। छोटे, प्राप्त करने योग्य लक्ष्य निर्धारित करने से आयोजनों को अधिक प्रबंधनीय बनाया जा सकता है। उदाहरण के लिए, सैकड़ों लोगों से मिलने की कोशिश करने के बजाय, केवल कुछ लोगों से जुड़ने का लक्ष्य रखें। बातचीत शुरू करने के लिए कुछ सामान्य विषय तैयार करने से भी शुरुआती बातचीत को आसान बनाने में मदद मिल सकती है। ब्रेक लेना भी ठीक है—ज़रूरत पड़ने पर कोई शांत जगह ढूँढ़ें या ताज़ी हवा के लिए बाहर जाएँ। संख्या के बजाय गुणवत्तापूर्ण संपर्क बनाने पर ध्यान केंद्रित करके, आप आयोजन से अभिभूत होने के बजाय मूल्यवान संपर्कों के साथ निकलेंगे।

4. **सहानुभूति एरोबिक्स: अपनी भावनात्मक बुद्धिमत्ता की मांसपेशियों का व्यायाम करें:**सच्चा सुनना और अवलोकन सहानुभूति का निर्माण करते हैं। बातचीत के दौरान, व्यक्ति की भावनाओं पर ध्यान दें, भले ही वह उन्हें शब्दों में व्यक्त न कर पाए; विषय पर सलाह देकर उसे बीच में रोकने की कोशिश न करें। दिखाएँ कि सरल पुष्टिकरण या विचार उसे सुनते हैं; वक्ता पर हावी हुए बिना उपस्थित रहना संभव है। स्वस्थ सीमाएँ और सहानुभूति आपको अंतरंग होने के साथ-साथ अपनी भावनात्मक भलाई को

बनाए रखने की क्षमता प्रदान करती हैं। इस कौशल को और निखारने के लिए कुछ अभ्यास दूसरों के दृष्टिकोणों के बारे में जर्नलिंग या ध्यानपूर्वक सुनना हो सकते हैं।

5. **10 मील के दायरे में सभी को अभिभूत न करने के लिए बहिर्मुखी लोगों की मार्गदर्शिका:**बहिर्मुखी लोगों के लिए, बातचीत में बहुत ज़्यादा ऊर्जावान हो जाना आसान हो सकता है। दूसरों के साथ बातचीत को बेहतर ढंग से साझा करने और संतुलित करने के लिए अपनी ऊर्जा के स्तर को कम करें। अगर दूसरा व्यक्ति अलग-थलग हो जाता है या केवल संक्षिप्त वाक्यों में जवाब देता है, तो यह एक अच्छा समय है कि आप पीछे हटें और उन्हें जगह दें। लोगों को बातचीत के लिए प्रोत्साहित करने का एक अच्छा तरीका है, खुले प्रश्न पूछना। अपनी ऊर्जा उन विषयों पर केंद्रित करें जो सभी को एक साथ उत्साहित करते हैं, बजाय इसके कि आप पर ध्यान दें, इससे सभी को अधिक शामिल और सराहना का एहसास हो सकता है।

6. **डिजिटल करिश्मा: स्क्रीन की बर्फीली रोशनी में आकर्षण का प्रक्षेपण:**डिजिटल संचार में व्यावसायिकता और व्यक्तित्व का संतुलन गर्मजोशी दिखाने पर आधारित है। ऑनलाइन बातचीत में मानवीयता का संदेश देने के लिए, थोड़ा दोस्ताना अभिवादन, सकारात्मक भाषा का प्रयोग और तुरंत प्रतिक्रिया देने से शुरुआत करें। वीडियो कॉल के दौरान, जुड़ाव दिखाने के लिए सिर हिलाना, आँखों में आँखें डालकर देखना और सहज शारीरिक हाव-भाव अपनाना जैसे दृश्य संकेतों का उपयोग करें। आप ईमेल और संदेशों में हास्य या व्यक्तिगत स्पर्श जोड़कर अपने संचार को बेहतर बना सकते हैं, जिससे आपकी बातचीत अधिक प्रामाणिक और प्रासंगिक लगेगी।

7. **संघर्ष समाधान कुंग फू: बिना गले पर घूंसे मारे तनाव कैसे दूर करें**:सफल संघर्ष समाधान का रहस्य संयम बनाए रखना और उत्तर खोजने पर ध्यान केंद्रित करना है। अपनी राय व्यक्त करने से पहले, दूसरे व्यक्ति की बात सुनना शुरू करें। यह तरीका एक अधिक स्पष्ट चर्चा को प्रोत्साहित करता है और आपको उनके दृष्टिकोण को समझने में मदद करता है।

दूसरे व्यक्ति को रक्षात्मक होने से बचाने के लिए, बिना किसी को दोष दिए अपनी भावनाओं को व्यक्त करने के लिए "मैं" कथनों का प्रयोग करें। हर असहमति पर समान आधार खोजने की कोशिश करने के बजाय, उन बातों को स्पष्ट करें जिन पर आप दोनों सहमत हैं।

8. **आत्म-निंदा करने वाले हास्य की कला (कार्यालय के चुटकले पर प्रहार किए बिना)**:हालाँकि आत्म-निंदा और हास्य बातचीत शुरू करने के बेहतरीन तरीके हो सकते हैं, लेकिन सही संतुलन बनाना बेहद ज़रूरी है। अपनी कमियों पर मज़ाक करना आपके कौशल या उपलब्धियों की आलोचना करने के बजाय, हल्का-फुल्का और सहज होना चाहिए। यह तरीका दूसरों को आपके बारे में उनकी धारणा को कमज़ोर किए बिना आपसे जुड़ने का मौका देता है।

हालाँकि अपनी अजीबोगरीब बातें दूसरों के साथ साझा करना ठीक है, लेकिन अपना आत्म-सम्मान और प्रामाणिकता बनाए रखें। लोगों को अपनी खामियों सहित अपना असली रूप दिखाने दें, क्योंकि इससे सच्चे रिश्ते बनते हैं और दूसरों को आपके आस-पास सहज महसूस करने में मदद मिलती है।

9. पार-सांस्कृतिक संचार: वाटर कूलर पर कोई अंतर्राष्ट्रीय घटना नहीं:विभिन्न संचार शैलियों के प्रति खुला और संवेदनशील होना सांस्कृतिक अंतरों को समझने की कुंजी है। यह समझना ज़रूरी है कि हाव-भाव, आँखों का संपर्क और संदेश की व्याख्या विभिन्न संस्कृतियों में बहुत भिन्न हो सकती है। इन सूक्ष्मताओं के प्रति जागरूक रहने से आपके संचार कौशल में सुधार होता है।

उदाहरण के लिए, जहाँ कुछ संस्कृतियाँ प्रत्यक्ष संचार को महत्व देती हैं, वहीं कुछ अन्य संस्कृतियाँ अप्रत्यक्ष रूप से विनम्रता व्यक्त करना ज़्यादा पसंद करती हैं। इन अंतरों का ध्यान रखने से एक ज़्यादा स्वागतयोग्य माहौल बनता है जहाँ सभी का सम्मान और सराहना की जाती है, रिश्ते मज़बूत होते हैं और ग़लतफ़हमी की संभावना कम होती है।

10. सामाजिक अनुग्रह का दिखावा करने के लिए अजीब व्यक्ति की मार्गदर्शिका:सामाजिक शिष्टाचार स्वाभाविक रूप से आना ज़रूरी नहीं है; हालाँकि, आप इसे कुछ आसान तरीकों से विकसित कर सकते हैं। बातचीत को सहज बनाने के लिए, अपनी पसंदीदा बातचीत शुरू करने वाली बात से शुरुआत करें। जुड़ाव बनाने के लिए, अपनी आँखें खुली रखें। अगर आप कोई गलती करते हैं तो चिंता न करें; बस हँसकर टाल दें और बातचीत जारी रखने के लिए हल्के से माफ़ी मांग लें।

सामान्य सामाजिक परिस्थितियों का पहले से अभ्यास करने से भी आपको ज़्यादा तैयार महसूस करने में मदद मिल सकती है। बातचीत रुकने पर कुछ "बचाव" विषयों पर चर्चा करें, ताकि यह

सुनिश्चित हो सके कि आपके पास हमेशा चर्चा के लिए कुछ दिलचस्प हो। इन उपकरणों की मदद से, आप सामाजिक परिस्थितियों से आत्मविश्वास और आसानी से निपट सकते हैं।

स्पष्ट रूप से भेदभाव करने की कला

स्पष्ट रूप से विवेकशील होने का अर्थ है स्पष्ट और सम्मानजनक रहते हुए अपने विचारों और निर्णयों को ईमानदारी से साझा करना। ऐसी दुनिया में जहाँ अक्सर अत्यधिक विनम्रता या कठोर ईमानदारी का बोलबाला होता है, स्पष्ट रूप से विवेकशील होने से संतुलन बनाने में मदद मिलती है, जिससे आप बिना किसी नकारात्मक या कठोर भाव के अपनी सच्ची अंतर्दृष्टि व्यक्त कर सकते हैं। इस दृष्टिकोण में भाषा, सहानुभूति और समय की बारीकियों को समझना शामिल है। ईमानदारी से बोलने में केवल अपनी राय व्यक्त करना ही शामिल नहीं है; इसमें उन्हें सोच-समझकर और रचनात्मक रूप से प्रस्तुत करना भी शामिल है।

उदाहरण के लिए, स्पष्ट विवेक आपको संभावित समस्याओं की स्पष्ट रूप से पहचान करने में सक्षम बनाएगा, साथ ही साथ किसी सहकर्मी के विचार के सकारात्मक पहलुओं को भी स्वीकार करेगा, जिसमें आपको लगता है कि खामियाँ हैं। आप कह सकते हैं, "मैं समझ सकता हूँ कि आप इस बारे में क्या कहना चाहते हैं, लेकिन कुछ चुनौतियाँ हैं जिनका हमें सामना करना पड़ सकता है," बजाय इसके कि, "यह काम नहीं करेगा।" इस तरह, आप दूसरे व्यक्ति के योगदान को नज़रअंदाज़ किए बिना मूल्यवान योगदान देते हैं।

इस कला का अभ्यास पारदर्शी संचार को बढ़ावा देता है और विश्वास का निर्माण करता है क्योंकि लोग जानते हैं कि वे आपके साथ

किस स्थिति में हैं। समय के साथ, लोग आपकी ईमानदारी की सराहना करेंगे और इसे एक चुनौती के बजाय आपसी विकास के निमंत्रण के रूप में देखेंगे। स्पष्ट रूप से विवेकशील होना सार्थक बातचीत और मज़बूत रिश्तों के लिए एक शक्तिशाली साधन है।

बताने और पूछने में संतुलन

प्रभावी संचार के लिए पूछने और बताने के बीच संतुलन बनाना ज़रूरी है, और यह सुनिश्चित करना ज़रूरी है कि बातचीत पारस्परिक हो। ज़रूरत से ज़्यादा बताने से हम नियंत्रणकारी या अवमाननापूर्ण लग सकते हैं, और बातचीत पक्षपातपूर्ण लग सकती है। हालाँकि, बहुत ज़्यादा सवाल पूछने से अनिश्चितता या अत्यधिक जिज्ञासा का आभास हो सकता है, जिससे सामने वाला व्यक्ति असहज हो सकता है। इन तरीकों के बीच संतुलन बनाने से जीवंत, आकर्षक बातचीत हो सकती है जो खुलेपन और विश्वास को बढ़ावा देती है।

मान लीजिए कि आप और आपकी टीम का कोई सदस्य किसी प्रोजेक्ट के बारे में बात कर रहे हैं। उन्हें सब कुछ बताने (बताने) या सिर्फ़ उनकी राय पूछने (पूछने) के बजाय, आप अपने प्रोजेक्ट का विज़न समझा सकते हैं और उनकी राय ले सकते हैं। उदाहरण के लिए, कहें, "मैं अपने लक्ष्यों को प्राप्त करने के लिए इस दृष्टिकोण की कल्पना कर रहा हूँ। आप क्या सोचते हैं, या क्या आप इसमें कुछ जोड़ना चाहेंगे?" इस तरह, आप अपनी अंतर्दृष्टि से बातचीत को दिशा दे रहे हैं और साथ ही उनके दृष्टिकोण को सक्रिय रूप से प्रोत्साहित भी कर रहे हैं।

अपनी बातचीत में बताने और पूछने का संयोजन आपसी तालमेल को मज़बूत बनाता है और दूसरे व्यक्ति के विचारों के प्रति सम्मान दर्शाता है। यह संतुलित संचार शैली सहयोगात्मक समस्या-समाधान को भी बढ़ावा देती है, जिससे दोनों पक्ष बातचीत में मूल्यवान और रुचिपूर्ण महसूस करते हैं। यह एक ऐसा कौशल है जिसमें एक बार महारत हासिल कर लेने पर, व्यक्तिगत और व्यावसायिक दोनों तरह के रिश्तों में मज़बूती आती है।

"तो क्या?" निष्कर्ष: सामाजिक कौशल आपके करियर की महाशक्ति क्यों हैं?

सामाजिक कौशल केवल "अच्छा-होने वाला" गुण नहीं हैं; ये परिवर्तनकारी साधन हैं जो आपके समग्र कल्याण में सुधार कर सकते हैं, आपके करियर को आगे बढ़ा सकते हैं और ग्राहकों की संतुष्टि बढ़ा सकते हैं। कार्यस्थल पर, सामाजिक कौशल तकनीकी दक्षता और पारस्परिक प्रभावशीलता के बीच एक कड़ी का काम करते हैं, जिसके परिणामस्वरूप एक सर्वांगीण रणनीति बनती है जिसका व्यवसाय अत्यधिक सम्मान करते हैं। आप चुनौतीपूर्ण बातचीत को संभालकर, विभिन्न व्यक्तित्वों के साथ तालमेल बिठाकर और दूसरों को यह एहसास दिलाकर कि आपकी बात सुनी जा रही है, एक उत्पादक कार्यस्थल बना सकते हैं जो मनोबल और सहयोग को बढ़ाता है। यह सीधे तौर पर करियर की उन्नति को प्रभावित करता है क्योंकि नियोक्ता उन व्यक्तियों को महत्व देते हैं और पुरस्कृत करते हैं जो दूसरों को प्रेरित और प्रोत्साहित कर सकते हैं—ये गुण नेतृत्व के पदों के लिए महत्वपूर्ण हैं।

ग्राहकों या ग्राहकों के साथ काम करते समय सामाजिक कौशल में निपुणता भी एक महत्वपूर्ण गुण है। सक्रिय श्रवण, सहानुभूति और स्पष्ट संचार उच्च ग्राहक संतुष्टि में योगदान करते हैं, क्योंकि लोग स्वाभाविक रूप से उन बातचीतों में बेहतर प्रतिक्रिया देते हैं जहाँ उन्हें मूल्यवान महसूस होता है। काम के अलावा, मजबूत सामाजिक कौशल आपके निजी जीवन को समृद्ध बनाते हैं। जुड़ने, खुलकर संवाद करने और विवादों को सुचारू रूप से सुलझाने से रिश्ते बेहतर होते हैं और तनाव कम होता है।

सामाजिक कौशल आपके करियर की महाशक्ति हैं क्योंकि ये दूसरों की आपकी धारणा को बेहतर बनाते हैं और आपके आस-पास की दुनिया के साथ आपके प्रभावी जुड़ाव को बढ़ाते हैं। इन कौशलों में निवेश पेशेवर और व्यक्तिगत रूप से लाभदायक होता है, जिससे एक अधिक संतुष्टिदायक और प्रभावशाली जीवन मिलता है।

कैम्पी कॉर्नर: अपने भीतर की सामाजिक तितली (या अजीब कैटरपिलर) को गले लगाना

सामाजिक गतिशीलता की दुनिया में, एक अद्भुत विविधता है जो करिश्माई, जीवन से भी बड़े सामाजिक तितलियों से लेकर प्यारे से अजीबोगरीब कैटरपिलर तक फैली हुई है। कैंपी कॉर्नर इसी विविधता का जश्न मनाने और अपनी अनूठी शैली को अपनाने के बारे में है, चाहे वह कितनी भी परिष्कृत या अनोखी क्यों न हो। सामाजिक मुलाकातें पूर्णता के बारे में नहीं, बल्कि प्रामाणिकता के बारे में होती हैं, और कभी-कभी, सबसे अच्छे पल तब आते हैं जब चीजें योजना के अनुसार नहीं होतीं। उस नेकदिल अंतर्मुखी से लेकर

जिसने गलती से अपने बॉस को हाई-फाइव दे दिया, उस बहिर्मुखी तक जिसने अपने पसंदीदा शौक के बारे में कहानी शुरू कर दी, लेकिन बाद में उसे एहसास हुआ कि उसने किसी और को ही गलत समझ लिया था, ये कहानियाँ हमें याद दिलाती हैं कि सच्चा रिश्ता हमेशा दोषरहित नहीं होता।

अपनी अनोखी खूबियों की कद्र करना और उन्हें अपनी खूबियों के रूप में देखना आपको जीवन में आगे बढ़ने में मदद कर सकता है। ऐसे पल जब हम लड़खड़ा जाते हैं, अजीबोगरीब मज़ाक करते हैं या अपनी बातें कुछ ज़्यादा ही खुलकर साझा करते हैं, अक्सर दूसरों के लिए हमें पहले से की गई परफेक्शन से कहीं ज़्यादा प्रिय बना देते हैं। अपने "अंदर की तितली" या "अजीब कैटरपिलर" को अपनाने से आप सामाजिक परिस्थितियों में आत्मविश्वास से आगे बढ़ पाते हैं, यह जानते हुए कि प्रामाणिकता ही अंततः हम सभी को जोड़ती है।

गूगल द्वंद्व: "हे गूगल, मैं कार्यस्थल पर दोस्त कैसे बनाऊँ? नहीं, मैं किसी पंथ में शामिल नहीं होना चाहता!"

कार्यस्थल पर दोस्त बनाने के बारे में Google से सलाह लेने पर आपको ढेरों सुझाव मिल सकते हैं: "ऑफिस की स्पोर्ट्स टीम में शामिल हो जाओ!" "दोपहर के भोजन का आयोजन करो!" या "कोई मज़ेदार बात साझा करो!" हालाँकि, कार्यस्थल की दोस्ती किसी भी एल्गोरिथम की सलाह से कहीं ज़्यादा जटिल होती है। मानवीय जुड़ाव उन सूत्रों या "जुड़ाव के चरणों" से कहीं आगे जाता है जो AI सुझा सकता है। हमारी वास्तविक ज़िंदगी की विचित्रताएँ और बारीकियाँ दोस्ती को ख़ास बनाती हैं—और कभी-कभी बेहद अजीब

भी। अगर आपने कभी "हमेशा अपने सहकर्मियों की तारीफ़ करें" जैसे सुझाव को लागू करने की कोशिश की है और आपको ऐसा लगा है कि आप किसी सेल्फ-हेल्प रोबोट की कोई पंक्ति दोहरा रहे हैं, तो आप सहज, अपूर्ण जुड़ाव की खूबसूरती समझ जाएँगे।

कल्पना कीजिए कि एआई-संचालित सामाजिक रणनीतियों का उपयोग कैसे किया जाए, जैसे "आत्मविश्वास दिखाने के लिए ठीक पाँच सेकंड के लिए आँखों से संपर्क बनाएँ।" लेकिन वास्तविक रिश्तों के लिए एक मानवीय स्पर्श की आवश्यकता होती है जो कोई भी एल्गोरिदम प्रदान नहीं कर सकता। चाहे वह किसी विचित्र कार्य अनुभव पर हँसी-मज़ाक करना हो या कॉफ़ी मशीन के बारे में साझा शिकायतों के माध्यम से संबंध बनाना हो, वास्तविक संबंध साझा अनुभवों से उभरते हैं, न कि निरर्थक स्क्रिप्ट से। हमें उस सहजता और अपूर्णताओं को अपनाना चाहिए जो दोस्ती को विशिष्ट बनाती हैं, और हमें याद दिलाती हैं कि संबंधों को एक चेक-द-बॉक्स अभ्यास की तरह मानने के बजाय हास्य और लचीलेपन के साथ आगे बढ़ना चाहिए।

सेविले प्रक्रिया: उदासीनता से कृतज्ञता तक परिवर्तन को समझना और लागू करना

सेविल प्रक्रिया मानसिकता में बदलाव लाने के बारे में है—चीज़ों और लोगों को हल्के में लेने से लेकर उनकी सच्ची सराहना और कद्र करने तक। हमारा सामाजिक परिवेश इतना परिचित हो जाता है कि हम अक्सर अपनी दिनचर्या में बंध जाते हैं, और सहज ही खुशामद या यहाँ तक कि उदासीनता से प्रतिक्रिया देते हैं। सेविल प्रक्रिया एक परिवर्तनकारी अभ्यास है जो हमें धीमा होने, अपने रिश्तों और

परिवेश की सूक्ष्मताओं का अवलोकन करने और उन्हें पहचानने के लिए प्रोत्साहित करता है, और हमें वैराग्य से कृतज्ञता की ओर ले जाता है।

इस प्रक्रिया के लिए जानबूझकर चिंतन की आवश्यकता होती है। अपने दैनिक संवादों पर विचार करें: आप कितनी बार किसी सहकर्मी का धन्यवाद करते हैं, किसी के काम में किए गए प्रयास पर ध्यान देते हैं, या किसी मित्र के सहयोग की सराहना करते हैं? सेविल प्रक्रिया के माध्यम से, आप इन बारीकियों की सराहना करने के लिए रुककर अभ्यास करते हैं। दृष्टिकोण में यह बदलाव केवल दूसरों के बारे में नहीं है—यह आपकी अपनी संतुष्टि की भावना को पुनर्जीवित करता है और एक अधिक सकारात्मक दृष्टिकोण को बढ़ावा देता है। उदाहरण के लिए, एक सामान्य कार्य-संबंध में, विशिष्ट प्रशंसा व्यक्त करना एक लेन-देन को एक ऐसे संबंध में बदल सकता है जो पारस्परिक सम्मान और गर्मजोशी का निर्माण करता है। सचेत रूप से कृतज्ञता व्यक्त करके, आप संबंधों को गहरा करते हैं और अपने अनुभवों को समृद्ध करते हैं, जिससे अधिक सार्थक, लचीले रिश्तों का मार्ग प्रशस्त होता है जो रोज़मर्रा की मुलाकातों को साझा महत्व के क्षणों में बदल देते हैं।

सामाजिक कौशल के माध्यम से संबंध बनाना: आलोचना स्वीकार करना और मुस्कुराहट के साथ गर्मजोशी दिखाना

सामाजिक कौशल सार्थक रिश्तों की नींव होते हैं, और दो ज़रूरी पहलू—आलोचना को विनम्रता से स्वीकार करना और मुस्कुराने का एक छोटा सा तरीका—विश्वास और भाईचारे के निर्माण में

क्रांतिकारी बदलाव ला सकते हैं। आलोचना को स्वीकार करना एक ऐसा कौशल है जो न केवल व्यक्तिगत विकास में सहायक होता है, बल्कि रिश्तों को भी मज़बूत बनाता है। जब कोई प्रतिक्रिया देता है, तो रक्षात्मक होने के बजाय खुलेपन से जवाब देना उनके दृष्टिकोण के प्रति सम्मान दर्शाता है और सुधार की इच्छा का संकेत देता है। इसमें अभ्यास की आवश्यकता होती है, लेकिन दूसरों के विचारों को स्वीकार करने से विश्वसनीयता बढ़ती है और सहयोगात्मक माहौल बनता है। उदाहरण के लिए, आलोचना को व्यक्तिगत हमले के रूप में देखने के बजाय, इसे दूसरों के अनुभवों को समझने और अपने योगदान को बेहतर बनाने के अवसर के रूप में देखने का प्रयास करें।

एक सच्ची मुस्कान की गर्मजोशी भी उतनी ही प्रभावशाली होती है। अध्ययनों से पता चला है कि मुस्कुराहट मूड को बेहतर बनाने वाले एंडोर्फिन का स्राव करती है और एक आकर्षक ऊर्जा पैदा करती है जिसकी ओर लोग स्वाभाविक रूप से आकर्षित होते हैं। एक मुस्कान सामाजिक या व्यावसायिक परिवेश में शुरुआती बाधाओं को तोड़ सकती है, जिससे दूसरों को आपके आस-पास देखा, स्वागत किया और सहज महसूस होता है। यह एक छोटा, सरल भाव है, फिर भी इसके प्रभाव को कम करके नहीं आंका जा सकता—यह दयालुता और खुलेपन का संदेश देता है, सकारात्मक बातचीत का आधार तैयार करता है। आलोचना को स्वीकार करना और मुस्कुराना एक ऐसा माहौल बनाता है जहाँ विश्वास, ईमानदारी और आपसी सम्मान पनप सकते हैं, और स्थायी रिश्तों की एक मज़बूत नींव रखते हैं।

अराजकता, आकर्षण और ग्राहक

अध्याय 4: संगठन - अराजकता पर नियंत्रण (ऐसा करते हुए अच्छा दिखना)

Outcome – Limited Story – Place Segment – Physical Trait – Intellect

अक्सर, हमें एहसास ही नहीं होता कि हमारा परिवेश हमारी एकाग्रता और उत्पादकता की क्षमता को कितना प्रभावित करता है। अव्यवस्थित कार्यस्थल हमारी मानसिक स्पष्टता को सूक्ष्म रूप से या कम सूक्ष्म रूप से प्रभावित कर सकता है। इससे अनावश्यक तनाव और शर्मनाक गलतियाँ भी हो सकती हैं। हममें से कुछ लोगों के लिए, अव्यवस्था एक पुराने दोस्त की तरह होती है—एक "व्यवस्थित अव्यवस्था" जिसे हम सोचते हैं कि हम संभाल सकते हैं। हालाँकि, कभी-कभी यह अव्यवस्था हमारे खिलाफ भी हो सकती है, और हमें यह दिखाती है कि कुछ हद तक व्यवस्था बनाए रखना कितना महत्वपूर्ण है।

एक पल के लिए कल्पना कीजिए कि आपका बिखरा हुआ डेस्क अचानक आपके किसी महत्वपूर्ण वादे को पूरा करने में सबसे बड़ी बाधा बन गया। मेरे साथ भी ठीक यही हुआ, उस दिन जो हमेशा के लिए एक यादगार दिन के रूप में याद किया जाएगा। *जिस दिन मेरी डेस्क ने मेरे ग्राहक का ऑर्डर खा लिया.*

वह एक साधारण सोमवार था, और मैं कॉफ़ी और आत्मविश्वास से भरपूर, ढेर सारे कामों को निपटाने के लिए तैयार था। मेरी डेस्क हमेशा की तरह अस्त-व्यस्त थी—फाइलें ऊँची-ऊँची रखी थीं, कंप्यूटर पर स्टिकी नोट्स चिपके हुए थे, और कागज़ हर तरफ़ फैले हुए थे। एक पुराना ग्राहक मेरे पास एक बड़ा ऑर्डर देने आया था। हमने थोड़ी देर बातचीत की; मैंने उन्हें अपनी प्रतिबद्धता का भरोसा दिलाया और दूसरे ज़रूरी कागज़ों के ढेर के ठीक ऊपर ऑर्डर रख दिया।

फिर वो पल आया जब मैं उसे लेने गया। मैंने ऑर्डर लेने के लिए हाथ बढ़ाया, लेकिन वो वहाँ नहीं था। पहले तो मुझे लगा कि मैंने उसे किसी और चीज़ के नीचे दबा दिया होगा। लेकिन जैसे-जैसे मैं ढेरों में से खोजता गया, मुझे एक अजीब सी बेचैनी होने लगी। मैंने ढेरों को पलटा, फ़ोल्डर्स उठाए, और अपने कीबोर्ड के नीचे देखा—कुछ नहीं। मैं तब तक ढूँढता रहा जब तक मेरे हाथ स्याही के धब्बों से भर नहीं गए, और मेरी घबराहट बढ़ गई। समय बीत रहा था, और घबराहट बढ़ती जा रही थी।

जब मुझे लगने लगा था कि मैंने ऑर्डर पूरी तरह से खो दिया है, तभी एक हमदर्द सहकर्मी ने मेरी तलाश शुरू कर दी। आखिरकार, मानो अनंत काल तक खोजबीन के बाद, हमें वह मिल ही गया—मुड़ा हुआ और मेरी मेज़ के नीचे फंसा हुआ, ढेर से फिसलकर मेरी फ़ाइल कैबिनेट के पीछे जा गिरा। यह पहली बार था जब मुझे एहसास हुआ कि मेरी "व्यवस्थित अव्यवस्था" किसी के काम नहीं आ रही थी, खासकर मेरे लिए। वह शर्मनाक घटना मेरे लिए एक चेतावनी थी। मैं इस अव्यवस्था को अपने पेशेवर जीवन या अपने

क्लाइंट्स और सहकर्मियों के मुझ पर भरोसे को बर्बाद करने नहीं दे सकता था।

तब से, मैंने एक ऐसी व्यवस्था अपनाई जो मेरे काम में सहायक हो और तनाव कम करे। मुझे एहसास हुआ कि सच्चा संगठन पूर्णता से कम और विश्वसनीयता से ज़्यादा जुड़ा होता है। शुरुआत में अव्यवस्था प्रबंधनीय लग सकती है, लेकिन समय के साथ, यह कार्यकुशलता और विश्वास को कमज़ोर कर देती है। अपने कार्यस्थल पर नियंत्रण पाकर, मैंने अपने प्रदर्शन को बेहतर बनाया और ग्राहकों और सहकर्मियों, दोनों का विश्वास फिर से हासिल किया।

दस संगठनात्मक आज्ञाएँ (जब आपका कार्यस्थल बवंडर के रास्ते जैसा हो)

अपने कार्यस्थल को व्यवस्थित करना मुश्किल लग सकता है, खासकर जब ऐसा लगे कि कोई छोटा सा बवंडर गुज़र गया हो। लेकिन एक व्यवस्थित वातावरण के फ़ायदे सिर्फ़ सुंदरता से ही नहीं, बल्कि तनाव कम करने, उत्पादकता बढ़ाने और खुद को सफलता के लिए तैयार करने से भी जुड़े हैं। चाहे आप ढेर सारे कागज़ात संभाल रहे हों, भरे हुए इनबॉक्स से निपट रहे हों, या फिर ऐसे कैलेंडर से निपट रहे हों जो साथ नहीं दे रहा हो, ये दस संगठनात्मक "आज्ञाएँ" आपके व्यक्तित्व या शैली से समझौता किए बिना अव्यवस्था में व्यवस्था लाने में आपकी मदद करने के लिए डिज़ाइन की गई हैं।

1. महान शुद्धिकरण: बिना आँसू के अव्यवस्था हटाना (या श्रेडर की चोटें):व्यवस्थित करने में महारत हासिल करने की शुरुआत आपके कार्यस्थल के गहन मूल्यांकन से होती है। उन चीज़ों को बेरहमी से हटा दें जो जगह घेरती हैं लेकिन कोई खास काम नहीं आतीं, जैसे पुरानी रसीदों के ढेर, बहुत पहले भूली हुई मीटिंगों के नोट्स, और रहस्यमयी केबल जिनका आप "किसी दिन इस्तेमाल करेंगे"। उन्हें तीन ढेरों में बाँटें: रखें, दान करें, और फाड़ दें। यह "खुशी जगाने" के बारे में नहीं है—यह इस बारे में है कि क्या वाकई उपयोगी और कार्यात्मक है। अगर कोई चीज़ पुरानी हो गई है, पुरानी हो गई है, या अब प्रासंगिक नहीं है, तो उसे छोड़ दें और खुद को जगह और स्पष्टता का उपहार दें।

2. डिजिटल डिटॉक्स: इनबॉक्स राक्षस पर विजय:हमारे इनबॉक्स अक्सर हमारे पूरे संगठन को दर्शाते हैं: अव्यवस्थित, अस्त-व्यस्त, और लगातार ध्यान की मांग करते रहते हैं। इस समस्या से निपटने के लिए, जल्दी से सफाई शुरू करें और आसान छंटाई के लिए फ़ोल्डर या श्रेणियाँ बनाएँ। महत्वपूर्ण ईमेल का तुरंत जवाब देने को प्राथमिकता दें और समय बचाने के लिए ईमेल टेम्प्लेट और ऑटो-रिस्पॉन्स के साथ प्रयोग करें। ईमेल देखने के लिए विशिष्ट समय निर्धारित करके "इनबॉक्स ज़ीरो" (या उसके करीब) का लक्ष्य रखें ताकि हर बार आने पर आपका ध्यान भंग न हो। यह रणनीति आपको उत्पादक बनाए रखती है और लगातार "पीछे" रहने की चिंता से बचाती है।

3. सूची बनाने की कला: क्या करें या क्या न करें:सूचियाँ उत्पादकता बढ़ाने का एक शक्तिशाली साधन हैं, लेकिन सोच-

समझकर इस्तेमाल करने पर ये सबसे बेहतर काम करती हैं। एक मास्टर लिस्ट बनाकर शुरुआत करें और फिर उसे रोज़मर्रा के कामों में बाँट दें। ज़रूरी और ज़रूरी कामों को उनके क्रम में प्राथमिकता दें, ताकि आप खुद पर बोझ डाले बिना उन्हें पूरा कर सकें। काम पूरा करने के पीछे एक मनोविज्ञान है—यह डोपामाइन का एक छोटा सा बढ़ावा है जो काम पूरा करने के लिए प्रेरित करता है। डिजिटल सूचियों के साथ प्रयोग करें या कलम और कागज़ का इस्तेमाल करें; पता लगाएँ कि आपको क्या व्यवस्थित और प्रेरित महसूस कराता है।

4. टाइम ब्लॉकिंग: रोबोट जैसा महसूस किए बिना अपने दिन का शेड्यूल बनाना:टाइम ब्लॉकिंग आपको एक साथ कई काम करने की परेशानियों से बचने और आपके दिन को व्यवस्थित बनाने में मदद करती है। अपने दिन को केंद्रित काम, मीटिंग्स, ईमेल और ब्रेक के लिए अलग-अलग ब्लॉक में बाँटकर शुरुआत करें। एक काम से दूसरे काम में भटकने के बजाय, यह तरीका आपको एक ही फोकस क्षेत्र में डूबे रहने की अनुमति देता है। "ईमेल प्रतिक्रिया" या "फ़ाइल सॉर्टिंग" के लिए छोटे, निर्धारित समय ब्लॉक भी आपको ट्रैक पर रखते हैं। चेतावनी: इससे आपको अप्रत्याशित खाली समय मिल सकता है, जिसे आप अपनी इच्छानुसार बिता सकते हैं—या बस एक सुव्यवस्थित दिन की संतुष्टि का आनंद ले सकते हैं।

5. चैंपियंस की फाइलिंग प्रणाली: जहां आप भी चीजें पा सकते हैं:एक कुशल फ़ाइलिंग सिस्टम किसी भी संगठन की रीढ़ होता है। एक ऐसी फ़ाइलिंग संरचना बनाएँ जो आपके लिए समझ में आए, स्पष्ट और सुसंगत लेबलिंग के साथ। आसान पहुँच के लिए

श्रेणियों और उपश्रेणियों का उपयोग करें, और यदि यह आपको दस्तावेज़ों को दृश्य रूप से क्रमबद्ध करने में मदद करता है, तो रंग कोड का उपयोग करें। डिजिटल फ़ाइलों के लिए, प्रोजेक्ट या तिथि के अनुसार फ़ोल्डर बनाएँ। सुनिश्चित करें कि हर चीज़ का एक निर्धारित स्थान हो, ताकि आपको बाद में उसे ढूँढ़ने में परेशानी न हो। थोड़े से समय के निवेश से, आपका फ़ाइलिंग सिस्टम आपको किसी भी कार्यालय में ईर्ष्या का विषय बना सकता है—या कम से कम आपको ज़रूरत पड़ने पर चीज़ें ढूँढ़ने में मदद कर सकता है।

6. मीटिंग में निपुणता: बिना ध्यान भटकाए ट्रैक बनाए रखना:मीटिंग्स समय की बर्बादी का कारण बन सकती हैं, लेकिन व्यवस्थित रहने से आपको उनका पूरा लाभ उठाने में मदद मिलती है। मीटिंग से पहले, एजेंडा देखें, ध्यान दें कि आपको क्या योगदान देना है, और जो हासिल करना है उसके लिए लक्ष्य निर्धारित करें। मीटिंग के दौरान, मुख्य बिंदुओं, कार्यों और समय-सीमाओं को नोट कर लें। ये रणनीतियाँ सुनिश्चित करती हैं कि जब आप लंबी मीटिंग से बच नहीं सकते, तब भी आप सक्रिय रूप से शामिल और तैयार रहें। साथ ही, नोट्स रखने से आप अस्पष्ट प्रतिक्रियाओं से बच सकते हैं, जैसे "मैं इस बारे में आपसे बात करूँगा," जब आपको पता ही न हो कि क्या चर्चा हो रही है।

7. प्रोजेक्ट मैनेजमेंट निंजा: गेंद को गिराए बिना कार्यों को निपटाना:कई परियोजनाओं के प्रबंधन के लिए रणनीतिक संगठन की आवश्यकता होती है। प्रत्येक परियोजना को प्रबंधनीय चरणों में विभाजित करें और प्रत्येक को एक उचित समय सीमा दें। अपनी प्रगति पर नज़र रखने के लिए, ट्रैलो, असाना जैसे परियोजना प्रबंधन

सॉफ़्टवेयर या एक साधारण स्प्रेडशीट का उपयोग करने पर विचार करें। आप यह सोचकर बिना किसी बोझ के ट्रैक पर बने रह सकते हैं कि प्रत्येक कार्य समग्र योजना में कैसे फिट बैठता है। याद रखें कि यह आपके कार्यभार को प्रबंधित करने के बारे में है, न कि एक साथ सब कुछ करने के बारे में। आप प्रत्येक घटक पर नज़र रखकर अंतिम समय में होने वाली भागदौड़ से बच सकते हैं।

8. संगठित कार्यक्षेत्र: फेंग शुई का कार्यात्मकता से मेल :आप एक सुंदर और व्यावहारिक कार्यस्थल के साथ अपनी प्रेरणा और एकाग्रता बनाए रख सकते हैं। सबसे पहले, अपने कार्यस्थल को इस तरह व्यवस्थित करें कि अक्सर इस्तेमाल होने वाली चीज़ें नज़रों से दूर रहें और ज़रूरी चीज़ें आसानी से पहुँच में रहें। अपने डेस्कटॉप को अव्यवस्थित न होने दें; ज़रूरी चीज़ों के लिए जगह छोड़ दें और शायद व्यक्तित्व निखारने के लिए एक छोटी सी तस्वीर या पौधा लगाएँ। अपनी फ़ाइलें और सामग्री व्यवस्थित रखें। इस संतुलित दृष्टिकोण की बदौलत, जब आपके पास एक प्रेरक और उत्पादक स्थान होता है, तो प्रेरित और काम पर केंद्रित रहना आसान होता है।

9. संकट-रोधी योजना: प्रलय की तैयारी किए बिना आपदा की तैयारी करना:अप्रत्याशित परिस्थितियाँ बेहतरीन योजनाओं को भी पटरी से उतार सकती हैं, इसलिए कुछ आकस्मिक रणनीतियाँ तैयार रखना बुद्धिमानी है। अपनी परियोजनाओं के लिए संभावित "क्या होगा अगर" की सूची बनाकर शुरुआत करें, और बैकअप समाधानों पर विचार करें। उदाहरण के लिए, किसी क्लाउड सेवा पर महत्वपूर्ण फ़ाइलों का बैकअप लें या किसी आपात स्थिति के लिए महत्वपूर्ण संपर्कों को संभाल कर रखें। आपको हर अप्रत्याशित

स्थिति के लिए तैयारी करने की ज़रूरत नहीं है, लेकिन बुनियादी बातों पर विचार करने से छोटी-मोटी रुकावटों को बड़े संकट में बदलने से रोका जा सकता है। थोड़ी सी तैयारी चीजों को पटरी पर रखने में बहुत मददगार साबित हो सकती है।

10. प्रतिनिधिमंडल की कला: संगठनात्मक प्रेम का प्रसार: अच्छे संगठन का मतलब यह नहीं कि आप सब कुछ खुद ही करें। प्रभावी ढंग से काम सौंपने से आपका कार्यभार कम होता है और दूसरों को ज़्यादा अधिकार मिलते हैं। दूसरों को काम सौंपते समय, उनकी व्यक्तिगत खूबियों को ध्यान में रखें। अपेक्षाओं का स्पष्ट संचार ज़रूरी है, साथ ही अपनी टीम पर भरोसा रखना और ज़रूरत पड़ने पर समय-समय पर मदद के लिए संपर्क बनाए रखना भी ज़रूरी है। कार्यभार बाँटने से टीम की उत्पादकता बढ़ती है और एक सकारात्मक माहौल बनता है जहाँ सभी एक ही उद्देश्य के लिए काम करते हैं।

इन "आज्ञाओं" को अपना मार्गदर्शक बनाकर, आप एक अव्यवस्थित कार्यस्थल को एक व्यवस्थित, उत्पादक वातावरण में बदल देंगे—बिना किसी अतिभार के। कुंजी निरंतरता है, पूर्णता नहीं; व्यवस्था की ओर उठाया गया हर छोटा कदम फलदायी होता है, जिससे आपको अपने स्थान और समय पर नियंत्रण वापस पाने में मदद मिलती है।

शारीरिक बुद्धि का विकास, जो लचीलापन है

व्यवस्थित रहना केवल कार्यों और स्थानों का प्रबंधन करने के बारे में नहीं है; जीवन की माँगों के साथ तालमेल बिठाने के लिए

शारीरिक लचीलेपन की भी आवश्यकता होती है। शारीरिक बुद्धिमत्ता आपको यह समझने में मदद करती है कि आपका शरीर और ऊर्जा का स्तर उत्पादकता को कैसे प्रभावित करता है। नियमित व्यायाम, एर्गोनॉमिक कार्य व्यवस्था और निर्धारित अवकाश जैसी आदतों को अपनाकर, आप अपनी सहनशक्ति बढ़ा सकते हैं और दिन भर केंद्रित रह सकते हैं। यह लचीलापन आपको कम थकान के साथ कार्यों को पूरा करने में मदद करता है और यह सुनिश्चित करता है कि आपका शरीर आपके संगठनात्मक लक्ष्यों में बाधा डालने के बजाय उनका समर्थन करे।

प्रेम, धैर्य और वर्तमान का महत्व

सफल संगठन प्रेम, धैर्य और वर्तमान की सोच पर निर्भर करता है, खासकर जटिल परियोजनाओं से निपटने या सहयोग करते समय। काम के प्रति प्रेम और इसमें शामिल लोगों के प्रति सम्मान एक उत्पादक, सकारात्मक वातावरण को बढ़ावा देने में मदद करता है। धैर्य आपको कार्यों को व्यवस्थित रूप से विभाजित करने और अप्रत्याशित परिस्थितियों में अनुकूलन करने में सक्षम बनाता है। वर्तमान में बने रहने से यह सुनिश्चित होता है कि आप केंद्रित और सजग हैं, जिससे आपके कार्यस्थल या आपके समय प्रबंधन में अव्यवस्था नहीं पनपती। ये गुण मिलकर एक व्यवस्थित, शांत वातावरण बनाते हैं जो उत्पादकता और कल्याण को बढ़ावा देता है।

"तो क्या?" निष्कर्ष: व्यवस्थित रहना आपके लिए समझदारी और सफलता का टिकट क्यों है?

व्यवस्थित होना एक सुव्यवस्थित कार्यस्थल से कहीं बढ़कर है—यह कम तनाव में अधिक हासिल करने का आधार है। प्रभावी संगठन उत्पादकता बढ़ाता है, तनाव कम करता है और ग्राहक संतुष्टि को बढ़ाता है, जिससे अव्यवस्था स्पष्टता में बदल जाती है। जब आप व्यवस्थित होते हैं, तो लोग आप पर काम करने के लिए भरोसा करते हैं और चुनौतियों से निपटने की आपकी क्षमता पर भरोसा करते हैं। यह उन सभी के लिए एक आवश्यक कौशल है जो अपने करियर में विश्वसनीयता और प्रभावशीलता की प्रतिष्ठा हासिल करना चाहते हैं। लंबे समय में, संगठन में महारत हासिल करने से आप एक समस्या-समाधानकर्ता के रूप में स्थापित होंगे जो परिणाम दे सकता है, जिससे यह किसी भी पेशेवर परिवेश में एक शक्तिशाली संपत्ति बन जाएगा।

कैम्पी कॉर्नर: अपने भीतर के संगठनात्मक सनकीपन (या आकर्षक अव्यवस्था) को अपनाना

चाहे आप रंग-कोडित फ़ाइलों से खुश हों या "रचनात्मक अव्यवस्था" को पसंद करते हों, व्यवस्थित रहने का कोई एक तरीका नहीं है। विभिन्न शैलियों का जश्न मनाने का अर्थ है अपनी स्वाभाविक प्राथमिकताओं के साथ काम करना और पूर्णतावाद के जाल से बचना। कभी-कभी, "संगठित अव्यवस्था" अप्रत्याशित दक्षता ला सकती है और नए विचारों को प्रेरित कर सकती है। यह खंड अपरंपरागत प्रणालियों के मज़ेदार वास्तविक जीवन के उदाहरणों पर प्रकाश डालता है जो विपरीत परिस्थितियों में भी कारगर रहीं, और हमें याद दिलाती हैं कि किसी संगठन में प्रामाणिकता अक्सर

कठोर तरीकों का पालन करने से ज़्यादा टिकाऊ (और मज़ेदार) होती है।

गूगल द्वंद्वः "हे गूगल, मैं कैसे व्यवस्थित होऊँ? नहीं, मैं और स्टोरेज कंटेनर नहीं खरीदना चाहता!"

एआई-संचालित सुझावों की दुनिया में, संगठनों में मानवीय रचनात्मकता अभी भी सर्वोच्च स्थान रखती है। हालाँकि डिजिटल उपकरण कार्यों को सुव्यवस्थित करने में मदद कर सकते हैं, लेकिन वे अक्सर व्यक्तिगत विचित्रताओं और हमारे तरीकों में स्वाभाविक रूप से आने वाली अनुकूलनशीलता को नज़रअंदाज़ कर देते हैं। यहाँ, हम Google की मानक व्यवस्था सलाह का मज़ाक उड़ाते हैं और यह पता लगाते हैं कि अव्यवस्था और अव्यवस्था से निपटने के लिए हमें अभी भी अपने अनूठे तरीके की आवश्यकता क्यों है। अपनी सहज प्रवृत्ति पर भरोसा करना सीखने से लेकर उपकरणों और व्यक्तिगत स्पर्श के बीच संतुलन बनाने तक, यह खंड दिखाता है कि हम तकनीक के "सबके लिए एक ही आकार" समाधानों के बीच अपने तरीकों को कैसे बनाए रखते हैं।

सिद्धांत से प्रज्वलन शुरू होता है, अभ्यास से वाहन आगे बढ़ता है

जब व्यवस्थित रहने की बात आती है, तो सिद्धांत और व्यवहार दो ज़रूरी उपकरण हैं जिनका एक साथ काम करना ज़रूरी है। सिद्धांत "क्यों" बताता है—हमें संरचना की आवश्यकता क्यों है, एक सुव्यवस्थित कार्यस्थल के लाभ, और समय प्रबंधन तकनीकों के पीछे का तर्क। हालाँकि, केवल सिद्धांत ही परिणाम नहीं ला सकता।

अभ्यास ही हमें आगे बढ़ाता है, अवधारणाओं को दैनिक आदतों में बदलता है। जिस प्रकार एक कार को चलने के लिए ईंधन की आवश्यकता होती है, उसी प्रकार संगठनात्मक कौशल को प्रभावी होने के लिए निरंतर अनुप्रयोग की आवश्यकता होती है। योजना और कार्य के बीच यह संतुलन ही अंततः एक संगठन को स्थिर बनाता है, उसे एक अवधारणा से एक स्थायी जीवनशैली में बदल देता है।

पहली नियुक्ति अवधारणा

किसी भी संगठनात्मक यात्रा में अपने पहले कदम की कल्पना खुद के साथ एक "पहली मुलाक़ात" तय करने के रूप में करें। जिस तरह एक ठोस पहली छाप का महत्व होता है, उसी तरह आपके शुरुआती कदम आगे आने वाली हर चीज़ की नींव रखते हैं। इसका मतलब है कि अपने संगठनात्मक प्रयासों को शुरू करने के लिए एक विशिष्ट समय निर्धारित करना, चाहे वह फ़ाइलों को व्यवस्थित करना हो, अपने सप्ताह की योजना बनाना हो, या अपने कार्यक्षेत्र को साफ़ करना हो। उस पहले जानबूझकर किए गए कदम के लिए प्रतिबद्ध होना आपके आगे के संगठनात्मक कार्यों के लिए एक दिशा निर्धारित करता है। यह "पहली मुलाक़ात" एक शुरुआती बिंदु बनाती है, जिससे आपको व्यवस्थित रहने में गति और आत्मविश्वास बनाने में मदद मिलती है।

अपने जीवन और कार्यस्थल में व्यवस्था लाना सिर्फ़ व्यवस्थित दराज़ों या बेहतरीन योजनाकारों से ही संभव नहीं है। यह स्थायी आदतें बनाने के लिए सिद्धांत और व्यवहार के सही मिश्रण का

उपयोग करने के बारे में है। उस "पहली मुलाक़ात" को महत्व देकर और सिद्धांत को कार्य के साथ जोड़कर, आप अपने आस-पास के वातावरण पर नियंत्रण रखने और उसमें फलने-फूलने के लिए खुद को सशक्त बनाते हैं। इन रणनीतियों के साथ, आप देखेंगे कि संगठन आपकी सफलता का समर्थन करता है और एक संतुलित, उत्पादक जीवन की नींव है।

अध्याय 5: तकनीकी कौशल - शोरगुल भरी दुनिया में तकनीकी कानाफूसी करने वाला बनना

Outcome – Focus
Story – Plot
Segment – Mental
Trait – Trigger

क्या आपने कभी सोचा है कि आपका दिन कितना तकनीक के ठीक से काम करने पर निर्भर करता है या जब वह ठीक से काम नहीं करती, तो उससे निपटने की आपकी क्षमता पर? आज के दौर में हम अपने कामों को आसान बनाने के लिए इन उपकरणों पर कितना निर्भर करते हैं। हालाँकि, जब यही उपकरण उल्टा असर करते हैं, तो हमारी अपनी प्रतिष्ठा दांव पर लग जाती है। मैंने यह सबक तब सीखा जब एक फ़ोन कॉल मेरे करियर के सबसे शर्मनाक पलों में से एक बन गया।

सुबह बहुत व्यस्त थी। मैं ईमेल और डेडलाइन के बीच संतुलन बनाए हुए था और हाल ही में इंस्टॉल हुए नए फ़ोन सिस्टम को इस्तेमाल करने को लेकर चिंतित था। मैंने यूज़र गाइड स्कैन कर ली थी, यह सोचकर कि जैसे-तैसे काम चला लूँगा। आख़िरकार, यह तो एक फ़ोन ही है; इसमें कितना पेचीदा हो सकता है? मेरा लापरवाह

रवैया तब तक बना रहा जब तक मैंने कॉलर आईडी पर नाम नहीं देखा: सीईओ।

मेरे शरीर में अचानक उत्तेजना और घबराहट का एहसास हुआ। मैंने रिसीवर उठाया; यही मौका था मुझे प्रभावित करने का! लेकिन जवाब देने के लिए बटन दबाने की बजाय, मैंने... कुछ और दबा दिया। अचानक, सीईओ की आवाज़ गायब हो गई, उसकी जगह हमारे होल्ड म्यूज़िक की अशुभ धुनें गूंजने लगीं। उलझन में, मैंने कॉल रिकवर करने के लिए बेतहाशा बटन दबाए, लेकिन किसी तरह उसे वॉइसमेल प्रॉम्प्ट के चक्रव्यूह में वापस भेज दिया।

अब, मैं पूरी तरह से घबरा गया था और सही काम करने के अलावा हर संभव कोशिश कर रहा था। कुछ ही सेकंड में, मेरी मैनेजर अविश्वास से भरी नज़रों से मेरे डेस्क पर आ पहुँची। "क्या हो रहा है?" उसने पूछा। "सीईओ कहीं होल्ड पर हैं," मैं हकलाते हुए बोला।

आखिरकार, हमें एक और एक्सटेंशन के ज़रिए कॉल रिसीव करनी पड़ी, लेकिन नुकसान हो चुका था। जो एक अपूरणीय भूल हो सकती थी, वह मेरे लिए विकास का एक अहम पल बन गई। उस शाम, मैंने संकल्प लिया कि मैं फिर कभी तकनीक को खुद पर हावी नहीं होने दूँगा। मैंने मैनुअल में गहराई से झाँका, अभ्यास परिदृश्यों का अभ्यास किया, और यहाँ तक कि फ़ोन के हर बटन को परखकर उसके कामों को समझा। हफ़्ते के अंत तक, मैं सिस्टम को पूरी तरह से समझ गया—और मेरा आत्मविश्वास बढ़ गया।

इससे मुझे यह सीख मिली कि उपकरण उतने ही उपयोगी होते हैं जितनी हमारी उन्हें इस्तेमाल करने की क्षमता। तकनीक में

महारत सिर्फ़ एक तकनीकी कौशल नहीं है, बल्कि हर उपकरण के लिए एक पेशेवर ज़रूरत है जो आपकी क्षमता प्रदर्शित करने, ग़लतियों से बचने और सहज बातचीत सुनिश्चित करने का एक अवसर है, खासकर उन क्षणों में जब जोखिम ज़्यादा हो।

उस घटना के बाद से, मैंने तकनीक के प्रति सक्रिय दृष्टिकोण अपनाना शुरू कर दिया: जब भी कोई नई चीज़ सामने आती है—कोई ऐप, सॉफ़्टवेयर या सिस्टम—तो मैं पहले से ही उस पर मेहनत करता हूँ और उसे गहराई से सीखता हूँ। इस मेहनत का फल उत्पादकता, व्यावसायिकता और शायद सबसे महत्वपूर्ण, मन की शांति के रूप में मिलता है।

तो, अगली बार जब आप किसी नए उपकरण के संपर्क में आएं, तो अपने आप से पूछें: क्या आप उस पर नियंत्रण रखते हैं - या वह आपको नियंत्रित कर रहा है?

दस तकनीकी आज्ञाएँ (जब मशीनें आपके विरुद्ध उठ खड़ी हों)

आज, तकनीक व्यक्तिगत और व्यावसायिक, दोनों स्तरों पर जीवन का अभिन्न अंग बन गई है। हालाँकि, इसका यह मतलब नहीं कि यह कभी खराब नहीं होगी। चाहे कोई खराब एप्लिकेशन हो, कोई नाराज़ ग्राहक हो, या आईटी विभाग की ओर से कोई बढ़ा-चढ़ाकर दी गई व्याख्या हो, तकनीक का सफलतापूर्वक प्रबंधन करने के लिए आमतौर पर धैर्य, अच्छी संचार कौशल और एक-लाइनर वाली हास्य-भावना की आवश्यकता होती है। यहाँ तकनीक

प्रबंधन की कला में निपुणता हासिल करने के लिए एक मार्गदर्शिका दी गई है।

समस्या निवारण का ज़ेन: बिना दिमाग खोए डिबगिंग

कल्पना कीजिए कि जब आप किसी तय समय सीमा पर हों और सिस्टम अचानक ठप हो जाए। ऐसे समय में, कई लोग घबरा जाते हैं और बार-बार माउस क्लिक करने या कंप्यूटर को रीस्टार्ट करने की इच्छा होती है। हालाँकि, सही यही होगा कि प्रतिक्रिया देने के बजाय कुछ देर के लिए रुक जाएँ और समझदारी से सोचें।

एक पेशेवर की तरह समस्या निवारण के लिए, आपको एक ज़ेन गुरु जैसा शांत स्वभाव अपनाना होगा। समस्या का व्यवस्थित रूप से निदान करके शुरुआत करें। क्या समस्या सिर्फ़ आपको प्रभावित कर रही है, या यह पूरे सिस्टम को प्रभावित कर रही है? क्या आप समस्या को लगातार दोहरा सकते हैं, या यह रुक-रुक कर आ रही है? ये प्रश्न आपके अगले कदमों का मार्गदर्शन करेंगे और आपको बिना सोचे-समझे समाधान आज़माने से रोकेंगे।

तकनीकी अराजकता का सामना करते समय:

- **रुकें और सांस लें**:स्पष्ट मन से मूल कारण की पहचान करने की अधिक संभावना होती है।
- **सरल शुरुआत करें**:डिवाइस को रीबूट करें, केबल की जांच करें, और इंटरनेट कनेक्शन सत्यापित करें।
- **समस्या का दस्तावेजीकरण करें**: त्रुटि संदेशों या समस्या को ट्रिगर करने वाले चरणों पर नोट्स रखें।

- **रणनीतिक रूप से आगे बढ़ें:**यदि अन्य सभी उपाय विफल हो जाएं, तो आईटी से संपर्क करें और उन्हें समाधान में तेजी लाने के लिए विस्तृत जानकारी उपलब्ध कराएं।

अपना धैर्य बनाए रखने से समस्या का समाधान तेजी से होगा और एक पेशेवर माहौल बनेगा जो आपके आस-पास के लोगों में विश्वास पैदा करेगा।

ग्राहक हमेशा सही होता है...सिवाय इसके कि जब वह हास्यास्पद रूप से गलत हो

तकनीकी सहायता पेशे में काम करने वाले हर व्यक्ति का सामना शायद ऐसे ग्राहक से हुआ होगा जिनकी तकनीक की समझ, मान लीजिए, अनोखी है। हो सकता है उन्हें लगे कि उनका कंप्यूटर "खराब" है क्योंकि स्क्रीन की चमक कम है, या वे "ज़्यादा रैम डाउनलोड करने" जैसे किसी इंटरनेट झांसे में आ गए हों। हालाँकि ये पल मज़ेदार हो सकते हैं, लेकिन आप इनसे कैसे निपटते हैं, यह आपके ग्राहक संबंधों को बना या बिगाड़ सकता है।

मुख्य बात यह है कि गलतफहमियों को चतुराई से दूर किया जाए। सीधे तौर पर यह कहने के बजाय कि, "यह ऐसे नहीं चलता", ग्राहक को सही समाधान तक पहुँचाने के लिए सकारात्मक भाषा का प्रयोग करें। उदाहरण के लिए:

ग्राहक:"मुझे और RAM चाहिए। क्या आप मुझे डाउनलोड करने में मदद कर सकते हैं?"

आप:"यह एक आम ग़लतफ़हमी है! RAM आपके कंप्यूटर का एक भौतिक घटक है, इसलिए इसे मैन्युअल रूप से अपग्रेड करना

पड़ता है। आइए मैं आपको दिखाता हूँ कि आप कैसे जाँच सकते हैं कि क्या इंस्टॉल है।"

यह दृष्टिकोण ग्राहक की चिंता को मान्य करते हुए उसे समाधान की ओर ले जाता है। यह निराशा और शर्मिंदगी को भी कम करता है, और विश्वास और तालमेल का निर्माण करता है। याद रखें, लक्ष्य उपहास करना नहीं है—बल्कि सशक्त बनाना है।

बोनस टिप:ग्राहकों के मज़ेदार किस्सों की एक मानसिक (या शाब्दिक) सूची बनाकर रखें और काम के बाद सहकर्मियों के साथ साझा करें। तकनीकी सहायता में दिन गुजारने का सबसे अच्छा तरीका हँसी है।

शब्दजाल जुजित्सुः साधारण मनुष्यों के लिए गीक भाषा का अनुवाद

तकनीकी शब्दावली अनजान लोगों को एक अजनबी भाषा जैसी लग सकती है, और किसी पर "एपीआई", "एसएसडी" या "बीआईओएस" जैसे संक्षिप्त शब्दों की बौछार करना उनका ध्यान भटकाने का एक पक्का तरीका है। संचार की असली कला जटिल विचारों को सभी के लिए सुलभ बनाने में निहित है, चाहे उनकी तकनीकी विशेषज्ञता कुछ भी हो।

तकनीक का अनुवाद करने के लिए, प्रभावी ढंग से बोलें, और उपमाओं और प्रासंगिक भाषा का प्रयोग करें। उदाहरण के लिए:

तकनीकी शब्द:“आपके कंप्यूटर का SSD भर गया है।”

अनुवाद:"अपने कंप्यूटर को एक बैकपैक की तरह समझिए। अभी यह इतना भरा हुआ है कि इसमें नई चीज़ें रखने की जगह ही नहीं है। हमें कुछ चीज़ें निकालनी होंगी या फिर एक बड़ा बैकपैक लेना होगा।"

उपमाएँ न केवल व्याख्याओं को सरल बनाती हैं, बल्कि यादगार संबंध भी बनाती हैं। सॉफ़्टवेयर अपडेट या साइबर सुरक्षा जैसी अधिक सूक्ष्म अवधारणाओं की व्याख्या करते समय, कैसे पर नहीं, बल्कि क्यों पर ध्यान केंद्रित करें। तकनीकी प्रक्रियाओं में उलझने के बजाय, बेहतर प्रदर्शन या बढ़ी हुई सुरक्षा जैसे व्यावहारिक लाभों पर ज़ोर दें।

अंत में, आमतौर पर गलत समझे जाने वाले शब्दों की एक शब्दावली तैयार रखना मददगार होता है। यहाँ एक त्वरित चीट शीट दी गई है:

बैंडविड्थ:आपका इंटरनेट कनेक्शन कितना डेटा संभाल सकता है, जैसे कि राजमार्ग पर लेन की संख्या।

घन संग्रहण:एक वर्चुअल लॉकर जहां आपकी फ़ाइलें आपके डिवाइस के बजाय ऑनलाइन संग्रहीत होती हैं।

कैश:बार-बार उपयोग की जाने वाली फाइलों के लिए एक अल्पकालिक मेमोरी, जैसे आपके कंप्यूटर के लिए स्टिकी नोट्स।

अभ्यास के साथ, आप शब्दजाल जुजित्सु की कला में निपुण हो जाएंगे, जिससे यह सुनिश्चित हो जाएगा कि आपके श्रोतागण बिना किसी परेशानी के जुड़े रहें और जानकारी प्राप्त करते रहें।

दस तकनीकी आज्ञाएँ (जब मशीनें आपके विरुद्ध उठ खड़ी हों)

हमारे निजी और पेशेवर जीवन में तकनीक के बढ़ते महत्व के बावजूद, इसमें कुछ कमियाँ भी हैं। तकनीकी चुनौतियों से निपटने के लिए, चाहे वे किसी खराब प्रोग्राम, किसी उलझन में पड़े ग्राहक या किसी अत्यधिक जटिल आईटी स्पष्टीकरण के कारण उत्पन्न हुई हों, धैर्य, संवाद कौशल और हास्य-भावना की आवश्यकता होती है। इस गाइड का पालन करके आप एक शानदार तकनीकी प्रबंधक बन सकते हैं।

डिजिटल युग में संकट प्रबंधन: तकनीकी संकटों से शालीनता से निपटना

डिजिटल युग में, तकनीकी खराबी अब 'अगर' का नहीं, बल्कि 'कब' का सवाल है। चाहे सिस्टम क्रैश हो, वेबसाइट क्रैश हो, या पूरे ऑफिस में इंटरनेट सिस्टम ठप हो जाए, आपकी प्रतिक्रिया ही आपकी प्रभावशीलता तय करेगी। इसके लिए, आपको शांत रहना होगा, सटीक ढंग से संवाद करना होगा और निर्णायक रूप से कार्य करना होगा।

जब कोई विपत्ति आए, तो उसकी स्वीकृति से शुरुआत करें। एक सुविचारित संदेश, जैसे "हम समस्या से अवगत हैं और इस पर काम कर रहे हैं," ग्राहकों और सहकर्मियों को आश्वस्त करता है कि स्थिति नियंत्रण में है। शब्दजाल और अत्यधिक औपचारिक लहजे से बचें जो रोबोट जैसा लग सकता है—कोई भी संकट के दौरान ऐसा महसूस नहीं करना चाहता कि वह कोई तकनीकी मैनुअल पढ़ रहा

है। आत्मविश्वास जगाने के लिए ऐसे संदेश लिखें जो स्पष्ट, सहानुभूतिपूर्ण और समाधान-केंद्रित हों।

पर्दे के पीछे, व्यवस्थित समस्या निवारण आपका सबसे अच्छा दोस्त है। संभावित कारकों को एक-एक करके हटाकर मूल कारण का पता लगाएँ। और जब चीज़ें बहुत ज़्यादा लगने लगें, तो याद रखें: तुरंत समाधान लागू करने से बेहतर है कि काम को अस्थायी रूप से रोक दिया जाए, क्योंकि बाद में इसका उल्टा असर हो सकता है।

निरंतर सीखना: समय यात्रा के बिना तकनीकी प्रगति में आगे रहना

तकनीक बहुत तेज़ी से विकसित हो रही है, इसलिए लगातार अनुकूलन और सीखना बेहद ज़रूरी है। आगे बने रहने के लिए किसी डेलोरियन या भविष्य के तकनीकी रुझानों तक पहुँच की ज़रूरत नहीं है—यह सक्रिय और रणनीतिक होने के बारे में है।

जिज्ञासा की आदत विकसित करके शुरुआत करें। उद्योग जगत के ब्लॉग पढ़ें, वेबिनार में भाग लें और नए उपकरणों के साथ प्रयोग करें। अपने कौशल को निखारने के लिए समय निकालें, भले ही वह दिन में केवल 15 मिनट ही क्यों न हो—कोर्सेरा, लिंक्डइन लर्निंग और यूट्यूब जैसे प्लेटफ़ॉर्म आपके कौशल को निखारने के लिए छोटे-छोटे पाठ प्रदान करते हैं।

रुझानों का अनुमान लगाना शायद अनुमान लगाने जैसा लगे, लेकिन अक्सर यह पैटर्न को पहचानने के बारे में होता है। मौजूदा उपकरण किन समस्याओं का समाधान कर रहे हैं? क्या कमियाँ रह गई हैं? उदाहरण के लिए, जैसे-जैसे दूरस्थ कार्य का चलन बढ़ा, वैसे-

वैसे वर्चुअल सहयोग सॉफ़्टवेयर में नवाचार भी बढ़े। इन बदलावों का पूर्वानुमान लगाने से आप बदलाव के लिए तैयार हो सकते हैं, बजाय इसके कि आप उनसे निपटने के लिए भागदौड़ करें।

सबसे बढ़कर, आजीवन सीखने की मानसिकता अपनाएँ। तकनीक की दुनिया में प्रासंगिक बने रहने का मतलब हर उपकरण में महारत हासिल करना नहीं है; बल्कि विकास के लिए तैयार रहना है।

लय प्रदान करने वाले मानसिक ट्रिगर

मानसिक ट्रिगर्स स्थापित करने से एक ऐसी लय बन सकती है जो आपको तकनीकी समस्याओं को सुलझाने की उथल-पुथल में केंद्रित और प्रभावी बनाए रखे। इन्हें अपने व्यक्तिगत रीसेट बटन समझें—एक विशिष्ट दिनचर्या या वाक्यांश जो चीज़ों के बोझिल होने पर स्पष्टता लाता है।

उदाहरण के लिए, किसी जटिल कार्य को शुरू करने से पहले गहरी साँस लें और मानसिक रूप से चरणों की रूपरेखा तैयार करें। परियोजना के चरणों के बीच बदलाव का संकेत देने के लिए किसी पसंदीदा प्लेलिस्ट या रंग-कोडित नोट्स जैसे दृश्य या श्रवण संकेतों का उपयोग करें। ये ट्रिगर स्थिरता पैदा करते हैं, जिससे आपको उच्च दबाव वाली परिस्थितियों में भी स्थिर रहने में मदद मिलती है।

पहचान और अनुमानात्मक सोच का महत्व

तकनीक के प्रति आपका दृष्टिकोण केवल कौशल पर आधारित नहीं है; यह इस पर भी निर्भर करता है कि आप खुद को इसके संदर्भ में कैसे देखते हैं। क्या आप समस्या-समाधानकर्ता हैं, सीखने वाले हैं, या रचनात्मक विचारक हैं? अपनी खूबियों को पहचानने से आपको तकनीकी चुनौतियों का डटकर सामना करने का आत्मविश्वास मिलता है।

अनुमानात्मक सोच भी उतनी ही महत्वपूर्ण है। इसमें उपलब्ध जानकारी के आधार पर सुविचारित अनुमान लगाना शामिल है, जो समस्या निवारण में विशेष रूप से उपयोगी कौशल है। उदाहरण के लिए, यदि कोई वेबसाइट लोड नहीं हो रही है, तो अनुमान लगाएँ कि यह नेटवर्क, सर्वर या ब्राउज़र की समस्या है। तर्क और अंतर्ज्ञान का संयोजन समय और निराशा को बचा सकता है।

सोशल मीडिया की कठिन राह: पेशेवर और ट्रेंडी के बीच की रेखा पर चलना

पेशेवर माहौल में सोशल मीडिया का प्रबंधन करना एक पतली रस्सी पर चलने जैसा है—आपको अपने ब्रांड की पहचान को नज़रअंदाज़ किए बिना प्रासंगिकता और हास्य के बीच संतुलन बनाए रखना होगा। यह सिर्फ़ सामग्री पोस्ट करने के बारे में नहीं है; यह एक ऐसी डिजिटल छवि गढ़ने के बारे में है जो आपके दर्शकों के साथ जुड़ती हो और साथ ही संगठनात्मक मूल्यों के अनुरूप भी हो।

ध्यान आकर्षित करने वाले ट्रेंड्स को अपनाते हुए पेशेवर बने रहना ही सबसे ज़रूरी है। उदाहरण के लिए, लोकप्रिय मीम्स का

इस्तेमाल करना कारगर हो सकता है, लेकिन इसके लिए सोच-समझकर अमल करना ज़रूरी है। "मंडे ब्लूज़" पर एक प्रासंगिक मीम ट्विटर के लिए तो सही हो सकता है, लेकिन लिंक्डइन पर—जहाँ लहजा ज़्यादा औपचारिक होता है—इसे पोस्ट करने से गलत संदेश जा सकता है। इसी तरह, उद्योग जगत की शब्दावली पर एक मज़ेदार टिप्पणी साझा करने से आपके ब्रांड को मानवीय रूप मिल सकता है, लेकिन ऐसे विषयों पर जाने से बचें जो आपके दर्शकों को अलग-थलग कर सकते हैं।

कॉर्पोरेट अकाउंट पर गलती से निजी राय या अत्यधिक अनौपचारिक सामग्री पोस्ट करने जैसी गलतियाँ महंगी पड़ सकती हैं। स्पष्ट सीमाएँ निर्धारित करने और सामग्री समीक्षा प्रक्रिया बनाने से इन गलतियों को रोकने में मदद मिलती है। याद रखें, हर पोस्ट कंपनी की प्रतिष्ठा का प्रतिबिंब होती है, इसलिए सोशल मीडिया पर रचनात्मकता और सावधानी दोनों का ध्यान रखें।

डेटा सुरक्षा निंजा: बिना चिंता के जानकारी की सुरक्षा

आज की डिजिटल दुनिया में, डेटा की सुरक्षा अनिवार्य है, लेकिन इसका मतलब यह नहीं कि आप बेफ़िक्री में जी रहे हैं। "डेटा सुरक्षा निंजा" बनने का मतलब है, संवेदनशील जानकारी की सुरक्षा के लिए व्यावहारिक उपाय अपनाना, बिना किसी अतिवादी व्यवहार का सहारा लिए, जैसे कि 50-अक्षरों का ऐसा पासवर्ड बनाना जिसे आप याद न रख सकें।

बुनियादी तरीकों से शुरुआत करें: बहु-कारक प्रमाणीकरण का उपयोग करें, सॉफ़्टवेयर को नियमित रूप से अपडेट करें, और

संदिग्ध लिंक पर क्लिक करने से बचें। पासवर्ड प्रबंधन उपकरण आपकी याददाश्त पर ज़्यादा ज़ोर दिए बिना मज़बूत और अनोखे पासवर्ड भी बना सकते हैं। अक्षरों और संख्याओं की बेतरतीब स्ट्रिंग के बजाय वाक्यांशों के बारे में सोचें—उदाहरण के लिए, "L3tM3In2024!" मज़बूत होने के साथ-साथ याद रखने में भी आसान है।

कर्मचारियों को फ़िशिंग स्कैम के बारे में शिक्षित करने और सतर्कता की संस्कृति को प्रोत्साहित करने से जोखिम काफ़ी कम हो सकते हैं। उदाहरण के लिए, अगर कोई "आईटी सपोर्ट" ईमेल लॉगिन क्रेडेंशियल मांगता है, तो कर्मचारियों को जवाब देने से पहले स्रोत की पुष्टि करने के लिए प्रशिक्षित करें।

हालाँकि आपको सुरक्षा को गंभीरता से लेना चाहिए, लेकिन चीज़ों को ज़्यादा जटिल बनाने से बचें। सुव्यवस्थित प्रणालियाँ, स्पष्ट प्रोटोकॉल और एक शांत, व्यवस्थित दृष्टिकोण, संगठन में सभी के लिए डेटा सुरक्षा को प्रबंधनीय बनाते हैं।

हार्डवेयर व्हिस्परर: विद्रोही मशीनों से सहयोग का प्रलोभन

प्रिंटर और स्कैनर जैसे कार्यालय उपकरण अक्सर अपना मन बना लेते हैं। एक "हार्डवेयर व्हिस्परर" बनने का मतलब है इन विद्रोही मशीनों को बिना तोड़े, उनसे सहयोग प्राप्त करने की कला में महारत हासिल करना।

सबसे पहले, समस्या निवारण की मूल बातें सीखें। जब प्रिंटर प्रिंट करने से मना कर देता है, तो क्या उसमें कागज़ खत्म हो गया है,

टोनर कम है, या उसका संरेखण सही नहीं है? ये आसान जाँचें अक्सर आईटी को कॉल करने से भी ज़्यादा जल्दी समस्या का समाधान कर सकती हैं। दूसरा, उपयोगकर्ता पुस्तिकाओं से परिचित हो जाएँ—हो सकता है कि उन्हें पढ़ना रोमांचक न लगे, लेकिन वे समाधानों का खजाना हैं।

एक और महत्वपूर्ण पहलू है उपकरणों का रखरखाव। नियमित सफाई, सॉफ़्टवेयर अपडेट और स्याही या टोनर जैसी उपभोग्य सामग्रियों की निगरानी आम समस्याओं को रोकने में मदद करती है। और जब समस्याएँ आएँ, तो शांत रहें; उपकरण को बार-बार बंद और चालू करने से आपकी अपेक्षा से ज़्यादा समस्याएँ हल हो जाती हैं।

अंत में, "प्रिंटर देवताओं" को प्रसन्न करने के लिए अनुष्ठान विकसित करें। इसका मतलब हो सकता है कि केबलों को व्यवस्थित ढंग से व्यवस्थित करना या भ्रम से बचने के लिए पोर्ट पर स्पष्ट रूप से लेबल लगाना। थोड़ा-सा हास्य इन उपकरणों से होने वाली निराशा को कम करने में काफ़ी मददगार साबित हो सकता है।

डिजिटल युग में संकट प्रबंधन: तकनीकी संकटों से शालीनता से निपटना

जब सिस्टम क्रैश हो जाए, वेबसाइटें बंद हो जाएँ, या इंटरनेट अचानक बंद हो जाए, तो शांत रहना बेहद ज़रूरी है। डिजिटल युग में संकट प्रबंधन के लिए तकनीकी विशेषज्ञता और भावनात्मक बुद्धिमत्ता की ज़रूरत होती है ताकि अराजकता से आसानी से निपटा जा सके।

पहला कदम है समस्या को तुरंत स्वीकार करना। हितधारकों के लिए एक आश्वस्त करने वाला संदेश तैयार करें जो पारदर्शिता और शांत अधिकार का संतुलन बनाए रखे। शब्दजाल या अत्यधिक तकनीकी स्पष्टीकरण से बचें—ग्राहकों और सहकर्मियों को स्पष्टता चाहिए, भ्रम नहीं।

इसके बाद, एक संरचित समस्या निवारण प्रक्रिया का पालन करें। अधिक जटिल निदानों पर आगे बढ़ने से पहले सबसे सरल स्पष्टीकरण (जैसे, बिजली कनेक्शन की जाँच) से शुरुआत करें। टीम को सूचित रखें और अड़चनों से बचने के लिए कार्य सौंपें।

शायद सबसे ज़रूरी बात, भावनात्मक नतीजों को संभालना है। तनाव तनाव को बढ़ा सकता है, इसलिए खुद उदाहरण पेश करें: शांत रहें, ध्यान केंद्रित रखें और समाधानों को प्रोत्साहित करें। एक भी संकट का अच्छी तरह से निपटारा आपके नेतृत्व में विश्वास पैदा कर सकता है, यह दर्शाता है कि डिजिटल आपदा के बावजूद जहाज़ स्थिर बना हुआ है।

निरंतर सीखनाः समय यात्रा के बिना तकनीकी प्रगति में आगे रहना

तकनीक बहुत तेज़ी से विकसित हो रही है, और प्रासंगिक बने रहने के लिए निरंतर सीखने की ज़रूरत है। सौभाग्य से, आपको टाइम मशीन की ज़रूरत नहीं है—बस विकास के प्रति प्रतिबद्धता की ज़रूरत है।

कौशल विकास के लिए नियमित समय निकालकर शुरुआत करें। इसमें ऑनलाइन पाठ्यक्रम, वेबिनार में भाग लेना या उद्योग

ब्लॉग पढ़ना शामिल हो सकता है। व्यावहारिक अनुप्रयोगों पर ध्यान केंद्रित करें: किसी नए सॉफ़्टवेयर फ़ीचर को सीखना या अपनी भूमिका से संबंधित उभरते तकनीकी रुझानों को समझना।

क्रिस्टल बॉल के बिना रुझानों का अनुमान लगाना चुनौतीपूर्ण ज़रूर है, लेकिन संभव है। अपने उद्योग के अग्रणी विचारकों का अनुसरण करें, फ़ोरम में शामिल हों और तकनीकी समुदायों में भाग लेकर जानकारी प्राप्त करें। इसके अलावा, अपने ज्ञानकोष में विविधता लाएँ। उदाहरण के लिए, एक मार्केटिंग पेशेवर को बुनियादी कोडिंग कौशल से लाभ हो सकता है, जबकि एक आईटी विशेषज्ञ उपयोगकर्ता अनुभव डिज़ाइन का अध्ययन कर सकता है।

लगातार सीखते रहना बहुत ज़्यादा मुश्किल नहीं है। इसे एक पहेली की तरह समझें: एक बार में एक छोटा सा टुकड़ा। लगातार प्रयास से आप आगे बढ़ते रहेंगे और खुद को एक अनुकूलनशील और दूरदर्शी पेशेवर के रूप में स्थापित कर पाएँगे।

लय प्रदान करने वाले मानसिक ट्रिगर

कई ज़िम्मेदारियों को निभाते समय, मानसिक ट्रिगर लय स्थापित करने में मदद कर सकते हैं, जिससे काम आसान लगने लगते हैं। मानसिक ट्रिगर कुछ भी हो सकता है—कोई दिनचर्या, कोई दृश्य संकेत, या कोई ध्वनि—जो संकेत देता है कि अब समय आ गया है कि काम को फिर से शुरू किया जाए या फिर से ध्यान केंद्रित किया जाए।

उदाहरण के लिए, "पहला चरण, दूसरा चरण" जैसा एक सरल वाक्यांश आपको किसी जटिल कार्य को छोटे-छोटे चरणों में तोड़ने

के लिए मानसिक रूप से तैयार कर सकता है। इसी तरह, अलार्म सेट करना या रंग-कोडित प्लानर का उपयोग करना आपको दृश्य रूप से याद दिला सकता है कि किन चीज़ों पर ध्यान देने की आवश्यकता है।

ये ट्रिगर आपके वर्कफ़्लो में निरंतरता लाते हैं, जिससे आप दबाव में भी स्थिर और प्रभावी बने रहते हैं। इन्हें अपनी दिनचर्या में शामिल करके, आप तकनीकी समस्याओं को सुलझाने की उलझनों को आत्मविश्वास और स्पष्टता के साथ सुलझा सकते हैं।

पहचान और अनुमानात्मक सोच का महत्व

तकनीक के प्रति आपका दृष्टिकोण न केवल आपके कौशल का, बल्कि आपकी आत्म-धारणा का भी प्रतिबिंब है। एक समस्या-समाधानकर्ता या नवप्रवर्तक के रूप में पहचान आपको तकनीकी चुनौतियों का डटकर सामना करने का आत्मविश्वास देती है।

यहाँ अनुमानात्मक सोच एक महत्वपूर्ण कौशल है। इसमें अधूरी जानकारी के आधार पर तार्किक निष्कर्ष निकालना शामिल है—जो समस्या निवारण के लिए आवश्यक है। उदाहरण के लिए, यदि कोई ऐप काम नहीं कर रहा है, तो अनुमान लगाएँ कि यह कनेक्टिविटी, संगतता या उपयोगकर्ता की त्रुटि के कारण है। अंतर्ज्ञान और तर्क का यह मिश्रण आपको समस्याओं का कुशलतापूर्वक समाधान करने में मदद करता है, जिससे समय और निराशा बचती है।

इस मानसिकता को विकसित करने से तकनीक के साथ आपके जुड़ाव का तरीका बदल जाता है, जिससे यह कम भयावह और अधिक सशक्त हो जाता है। अपनी खूबियों को समझकर और

समाधान निकालने की अपनी क्षमता को निखारकर, आप किसी भी तकनीकी चुनौती का आसानी से सामना कर सकते हैं।

"तो क्या?" निष्कर्ष: तकनीक-प्रेमी आपका गुप्त हथियार क्यों है?

तकनीकी कौशल में सुधार का मतलब सिर्फ़ शर्मिंदगी से बचना या गलतियाँ सुधारना नहीं है—यह ज़रूरी बनने के बारे में है। तकनीक-प्रेमी पेशेवर समस्याओं का तेज़ी से समाधान करके, प्रक्रियाओं को सुव्यवस्थित करके दक्षता में सुधार करके, और डिजिटल आपदाओं के दौरान स्थिति को बेहतर बनाकर ग्राहक सेवा को बेहतर बनाते हैं।

जब आप इन कौशलों में निपुण हो जाते हैं, तो आप समस्याओं को सुलझाने और बदलावों से निपटने के लिए खुद को एक भरोसेमंद व्यक्ति के रूप में स्थापित कर लेते हैं। यह सिर्फ़ यह जानने के बारे में नहीं है कि क्या करना है; यह दूसरों में आत्मविश्वास जगाने के बारे में है। यह विश्वास आपको मशीन के एक दाँते से आपकी टीम की नज़रों में एक नायक बना देता है।

कैम्पी कॉर्नर: अपने भीतर के गीक (या आकर्षक टेक्नोफोब) को अपनाना

हर कोई तकनीक का जादूगर नहीं होता, और यह ठीक भी है। तकनीक के साथ अपने रिश्ते को अपनाना—चाहे आप खुद को तकनीकी विशेषज्ञ कहें या तकनीक से नफ़रत करने वाले—एक मज़बूती हो सकती है।

उदाहरण के लिए, एक सहकर्मी की हास्यास्पद भूल को ही लीजिए, जिसने गलती से ऑफिस के ईमेल सिग्नेचर में हर आउटगोइंग मैसेज के साथ बिल्ली की म्याऊँ जैसी आवाज़ बजा दी। घबराने के बजाय, उन्होंने इसे हल्के-फुल्के अंदाज़ में लिया और साबित किया कि कभी-कभी, गड़बड़ियाँ हमें इंसान बना सकती हैं।

तकनीक के साथ बातचीत करने की अपनी अनूठी शैली का लाभ उठाएँ। अगर आप सावधानी बरतते हैं, तो डेटाबेस प्रबंधन में आप अव्वल आ सकते हैं। अगर आप व्यापक सोच रखते हैं, तो प्रक्रिया की कमियों को पहचानने में आप माहिर हो सकते हैं। ज़रूरी है कि आप अपनी प्रवृत्तियों के साथ काम करें, उनके ख़िलाफ़ नहीं।

गूगल द्वंद्वः "हे गूगल, मैं तकनीकी विशेषज्ञ कैसे बनूँ? नहीं, मैं अपनी नौकरी छोड़कर किसी स्टार्टअप में शामिल नहीं होना चाहता!"

ऐसे दौर में जब गूगल के पास हर चीज़ का जवाब मौजूद है, तकनीकी सलाह के लिए सिर्फ़ एल्गोरिदम पर निर्भर रहना आकर्षक लगता है। हालाँकि सर्च इंजन त्वरित समाधान के लिए बेहतरीन हैं, लेकिन असली विशेषज्ञता रचनात्मकता और अंतर्ज्ञान से आती है।

वर्कफ़्लो को स्वचालित करने की चुनौती पर विचार करें। हालाँकि Google कई ऐप्स सुझा सकता है, लेकिन केवल एक इंसान ही बारीकियों का आकलन कर सकता है—जैसे कि क्या ये टूल आपकी टीम की शैली के अनुकूल हैं या मौजूदा सिस्टम के साथ एकीकृत हैं।

AI रुझानों का अनुमान लगा सकता है या त्रुटियों का निवारण कर सकता है, लेकिन मानवीय स्पर्श की जगह नहीं ले सकता। अगली बार जब आप Google को सारा भारी काम सौंपने के लिए प्रेरित हों, तो याद रखें: यह एक उपकरण है, समाधान नहीं।

हम अराजकता के बीच कैसे काम करते हैं

अराजकता अपरिहार्य है, लेकिन हम इससे कैसे निपटते हैं, यह हमारे परिणामों को निर्धारित करता है। जब सिस्टम क्रैश हो जाता है, या अप्रत्याशित चुनौतियाँ आती हैं, तो शांत और व्यवस्थित बने रहने की क्षमता ही सफल टीमों को अलग बनाती है।

अपनी टीम के भीतर अनुकूलनशीलता की संस्कृति को बढ़ावा देने से दीर्घकालिक प्रभाव पड़ सकते हैं। खुले संवाद को प्रोत्साहित करें, जहाँ समस्याओं को असफलताओं के बजाय विकास के अवसर के रूप में देखा जाए। उच्च दबाव वाली परिस्थितियों में उत्पन्न होने वाले सरलता के क्षणों का जश्न मनाएँ—ये अक्सर नवाचार के बीज होते हैं।

इसे टुकड़ों में बाँटना

जटिल तकनीकी कार्य भारी लग सकते हैं, लेकिन उन्हें छोटे-छोटे चरणों में बाँटना उन्हें आसान बनाता है। इस तकनीक, जिसे "चंकिंग" कहा जाता है, में समस्या को आसानी से पचने योग्य भागों में बाँटना शामिल है।

उदाहरण के लिए, मान लीजिए आपको एक टीम को एक नए प्रोजेक्ट मैनेजमेंट सॉफ़्टवेयर पर स्थानांतरित करने का काम सौंपा

गया है। पहले चरण से शुरुआत करें: खुद को उस टूल से परिचित कराएँ। फिर, एक प्रशिक्षण योजना बनाएँ। इसके बाद, पूरी टीम के लिए इसे लागू करने से पहले, परीक्षण के लिए एक छोटे समूह को शामिल करें। प्रत्येक चरण पिछले चरण पर आधारित होता है, जिससे आपको या दूसरों को परेशान किए बिना गति मिलती है।

चंकिंग में निपुणता प्राप्त करके, आप कार्यों को सरल बनाते हैं और प्रगति को दृश्यमान बनाते हैं - जो आपके और आपकी टीम के लिए एक महत्वपूर्ण प्रेरक है।

प्रौद्योगिकी के निरंतर विकसित होते परिदृश्य में, संकटों का प्रबंधन करने, निरंतर सीखने को अपनाने और जटिलताओं से निपटने की क्षमता अमूल्य है। ये कौशल न केवल समस्याओं का समाधान करते हैं; ये करियर को परिभाषित करते हैं, विश्वास का निर्माण करते हैं और नवाचार का मार्ग प्रशस्त करते हैं।

चाहे आप डिजिटल के उस्ताद हों या तकनीक से बेहद भ्रमित, आपके अनूठे नज़रिए का महत्व है। इसे अपनाएँ, चुनौतियों के अनुकूल ढलें, और याद रखें: डिजिटल युग में, अराजकता से बचना नहीं, बल्कि उसके भीतर फलने-फूलने का मतलब है।

अध्याय 6: तनाव प्रतिरोध - ज़ेन और अपना धैर्य न खोने की कला

Outcome – Harmony

Story – Continuity

Segment – Banter

Trait – Conscience

तनाव एक ऐसी निरंतर समस्या है जिसका सामना हर कोई अपने जीवन में करता है, चाहे उसका पेशा, उम्र या स्थिति कुछ भी हो। तनाव भेदभाव नहीं करता; यह हमें उच्च दबाव वाली बैठकों, ट्रैफ़िक जाम, या यहाँ तक कि छोटी-छोटी असुविधाओं में भी, जैसे किसी प्रस्तुति से ठीक पहले हमारी कमीज़ पर कॉफ़ी गिर जाना, भी घेर लेता है। हम तनाव पर जिस तरह प्रतिक्रिया करते हैं, वह हमें बना या बिगाड़ सकता है। कुछ लोग इसके बोझ तले दब जाते हैं, जबकि कुछ इसे लचीलेपन और विकास के साधन में बदल लेते हैं। तनाव अपने आप में बुरा नहीं है। यह इस बात का संकेत है कि कोई चीज़ हमारे लिए मायने रखती है। हमें सही मायने में यह बताता है कि हम इससे कैसे निपटते हैं।

कल्पना कीजिए कि आप अपने तनाव को गले लगा रहे हैं, उथल-पुथल में हास्य ढूंढ रहे हैं, और तनाव को आपसी जुड़ाव के अवसरों में बदल रहे हैं। ठीक यही मेरे साथ उस साधारण दिन हुआ, जो

जल्दी ही तनाव को हास्य के साथ शालीनता से संभालने के एक अविस्मरणीय सबक में बदल गया।

मंगलवार की सुबह धूप खिली हुई थी, और सब कुछ सामान्य लग रहा था, या ग्राहक सेवा के माहौल में जितना सामान्य हो सकता है, उतना सामान्य। फ़ोन बज रहे थे; कीबोर्ड क्लिक कर रहे थे। तभी फ़ोन आया।

दूसरी तरफ़ वाला ग्राहक सिर्फ़ परेशान नहीं था; वह गुस्से में था, मेरे कान में अपनी शिकायतें डाल रहा था। यह बस एक छोटी सी गलती थी, लेकिन प्रतिक्रिया ऐसी थी मानो उन पर प्रलय आ गया हो। मैंने अपना सामान्य तरीका अपनाया: सहानुभूति जताना, माफ़ी माँगना, और तुरंत समाधान का वादा करना। लेकिन इससे बात नहीं बनी। ग्राहक लगातार अपनी भड़ास निकाल रहा था और इतनी ज़ोर से निकाल रहा था कि मुझे ऐसे समाधान ढूँढ़ने पड़े जो कहीं नज़र नहीं आ रहे थे।

आमतौर पर, इससे मैं बहुत बेचैन हो जाता था, और मेरी चिंता आसमान छूने लगती थी, क्योंकि मैं स्थिति को शांत करने की पूरी कोशिश करता था। लेकिन उस दिन, सब कुछ अलग था। इस सर्वव्यापी दबाव के आगे झुकने के बजाय, मैंने ग्राहक की शिकायतों में एक बात गौर की। वह रूपकों में बोल रहा था। एक रूपक दूसरे से ज़्यादा रंगीन था। उसने कहा कि हमारा बिलिंग सिस्टम "डूबते जहाज" और "दौड़ में तीन पैरों वाले घोड़े" जैसा है। सुनते ही कुछ अप्रत्याशित हुआ—मेरे मुँह के कोनों पर एक मुस्कान खिंचती हुई महसूस हुई।

जब उनकी साँसें थम गईं, तो मैंने एक मौका लिया। मैंने उनके रूपक को समझते हुए कहा, "जानते हो, मैंने कभी हमारे बिलिंग सिस्टम को तीन पैरों वाले घोड़े जैसा नहीं कहा। यह तो कमाल की बात है। अगर मैं अपने अगले स्टैंड-अप के लिए यह लाइन चुरा लूँ, तो क्या तुम्हें कोई आपत्ति है?" लाइन के दूसरी तरफ़ एक लंबा विराम छा गया, और मैंने खुद को तैयार किया। क्या मैंने अपनी सीमा पार कर ली थी?

मुझे राहत मिली जब ग्राहक ने ठहाका लगाया। "अच्छा, मुझे लगता है कि यह सही बैठता है," उसने कहा, उसका स्वर काफ़ी नरम हो गया था। हौसला बढ़ाते हुए मैंने कहा, "आपको उपमाएँ गढ़ने का हुनर आता है। अगर मैं कभी स्टैंड-अप कॉमेडी करूँ, तो शायद मुझे आपको अपने सह-लेखक के रूप में श्रेय देना पड़ेगा।"

हमने अपना रुख बदला। हमारे बीच गरमागरम बहस एक मज़ेदार बहस में बदल गई। हम बिलिंग की समस्या को सुलझाने में कामयाब रहे; मैंने इस परेशानी की भरपाई के लिए थोड़ा सा गुडविल क्रेडिट देने की पेशकश की। इस कॉल के अंत में, ग्राहक हँस रहा था और मुझे धन्यवाद दे रहा था।

मैंने फ़ोन रख दिया, जबकि मेरे सहकर्मी मुझे अविश्वास से घूर रहे थे। उनमें से एक ने पूछा, "तुमने ये कैसे किया?" "वह आदमी बहुत गुस्से में था!" मैंने कंधे उचका दिए, बातचीत के बाद भी मैं नशे में था। "शायद मैंने बस उसका मज़ाकिया पहलू देख लिया था।"

उस दिन, मैंने एक ज़रूरी सबक सीखा: हमें तनाव को खुद पर हावी नहीं होने देना चाहिए। हम अपना नज़रिया बदलकर, सबसे अराजक परिस्थितियों में भी, ऊर्जा को बदल सकते हैं। हम दूसरों

से जुड़ने, तनाव कम करने और अपने तनाव के स्तर को नियंत्रित करने के लिए हास्य को एक गुप्त हथियार की तरह इस्तेमाल कर सकते हैं। यह हास्य का इस्तेमाल करके स्थिति की गंभीरता को कम करने के बजाय, समझ और संयम लाने के बारे में था।

तब से, मैंने हर तनावपूर्ण स्थिति में यही रवैया अपनाया है। हास्य ढूँढ़ने की क्षमता तनाव को दूर नहीं करती, बल्कि उसे झेलने के हमारे तरीके को बदल सकती है। हँसी हमें हमारी मानवता की याद दिलाती है कि उथल-पुथल में भी, जुड़ाव और राहत की गुंजाइश हमेशा बनी रहती है। जब भी मैं किसी तनावपूर्ण स्थिति में होता हूँ, मैं खुद से पूछता हूँ, "इस स्थिति में सबसे मज़ेदार बात क्या है?" अक्सर, यह सवाल ही शांति और स्पष्टता लाने के लिए काफ़ी होता है।

तनाव दूर करने वाली दस आज्ञाएँ (जब आप बस एक आँख झपकने भर की दूरी पर हों)

तनाव जीवन का एक अनिवार्य हिस्सा है, जो अक्सर व्यस्त कार्य वातावरण, सीमित समय-सीमाओं और पारस्परिक समस्याओं के कारण और भी बढ़ जाता है। हालाँकि हम तनाव से छुटकारा नहीं पा सकते, लेकिन इसका हमारे स्वास्थ्य और उत्पादकता पर जो प्रभाव पड़ता है, वह इस तरह का नहीं होना चाहिए। प्रभावी रणनीतियाँ और एक लचीली मानसिकता तनाव को विकास, जुड़ाव और यहाँ तक कि हास्य के अवसर में बदलने में मदद करती हैं।

तनाव से मुक्ति के लिए यहां दस नियम दिए गए हैं, जो सामान्य ज्ञान और हास्य से भरपूर हैं तथा जीवन के सबसे कठिन क्षणों में आपका मार्गदर्शन करेंगे:

जीवन की सांस: अत्यधिक सांस लेने की कला में निपुणता

उचित साँस लेना तनाव प्रबंधन का आधार है, फिर भी हम अक्सर इसकी शक्ति को भूल जाते हैं। जब हम तनावग्रस्त होते हैं, तो हमारी साँसें उथली हो जाती हैं। यह मस्तिष्क को ऑक्सीजन से वंचित करता है और स्थिति को और बदतर बना देता है। इससे निपटने के लिए, गहरी डायाफ्रामिक साँस लेने का अभ्यास करें। चार तक गिनते हुए साँस अंदर लें, चार तक रोकें और छह तक साँस बाहर छोड़ें। यह लय तंत्रिका तंत्र को शांत करती है और आपको वर्तमान क्षण में स्थिर रहने में मदद करती है। एक विवेकपूर्ण तनाव-निवारक के लिए, डेस्क योग आज़माएँ: कुछ हल्के गर्दन के घुमाव या कंधे के स्ट्रेच आपके सहकर्मियों को चिंतित किए बिना शारीरिक तनाव को कम कर सकते हैं। कौन जाने, हो सकता है कि आप उन्हें आपके कदमों को कुछ ज़्यादा नाटकीय समझने की गलती करने के बजाय, आपके साथ जुड़ने के लिए प्रेरित कर दें।

ध्यान केंद्र: कक्ष की अराजकता में अपनी आंतरिक शांति की खोज

ध्यान करने के लिए आपको किसी पहाड़ की चोटी पर आराम करने या धूपबत्ती जलाने की ज़रूरत नहीं है। यह एक शांत विराम जितना आसान है। काल्म या हेडस्पेस जैसे ऐप निर्देशित ध्यान प्रदान करते हैं जिन्हें केवल पाँच मिनट में किया जा सकता है। अगर आप

किसी व्यस्त कार्यालय में हैं, तो बस अपनी आँखें बंद कर लें और अपनी साँसों की लय पर ध्यान केंद्रित करें। अतिरिक्त सुझाव: ध्यान करते समय एक चिंतनशील मुद्रा में रहें—यह "परेशान न करें" संकेत का भी काम करता है और लोगों को यह भी लग सकता है कि आप कंपनी की रणनीति के बारे में गहराई से सोच रहे हैं।

भावनात्मक कीमिया: निराशा को ईंधन में बदलना

तनाव अक्सर नकारात्मक भावनाओं के तूफ़ान जैसा लग सकता है, लेकिन थोड़े अभ्यास से आप इन भावनाओं को किसी उपयोगी चीज़ में बदल सकते हैं। अपनी भावनाओं को दबाने के बजाय उन्हें स्वीकार करके शुरुआत करें। खुद से पूछें: मेरी हताशा का मूल कारण क्या है? इस अंतर्दृष्टि का उपयोग सकारात्मक कार्रवाई के लिए ईंधन के रूप में करें। उदाहरण के लिए, अगर कोई परियोजना तनाव पैदा कर रही है, तो उस ऊर्जा को समाधान पर विचार-मंथन में लगाएँ। समय के साथ, यह अभ्यास एक आश्चर्यजनक परिणाम देता है: आप चुनौतियों के दौरान खुद को असामान्य रूप से उत्साहित पा सकते हैं, जिससे दूसरों को आश्चर्य हो सकता है कि क्या आपने कोई जादुई तरीका खोज लिया है।

'नहीं' की शक्ति: पुलों को नुकसान पहुंचाए बिना सीमाएं तय करना

तनाव प्रबंधन के लिए "ना" कहना एक ज़रूरी कौशल है, लेकिन यह चुनौतीपूर्ण भी हो सकता है, खासकर पेशेवर परिस्थितियों में। इसका उपाय है सहानुभूति के साथ सीमाएँ तय करना। सीधे मना करने के बजाय, कोशिश करें: "मैं मदद करना चाहूँगा, लेकिन अभी

मेरी क्षमता पूरी नहीं हुई है। बाद में बात करते हैं।" इससे न सिर्फ़ आपका समय बचता है, बल्कि दूसरों के प्रति भी सम्मान का भाव प्रदर्शित होता है।

अपने कार्यों और प्रतिबद्धताओं को प्राथमिकता देना सीखकर, आप अपने सहकर्मियों या मित्रों को नाराज किए बिना अपने काम के बोझ को कम कर सकेंगे।

समय प्रबंधन जादूगरी: अंतरिक्ष-समय सातत्य को मोड़ना (एक तरह से)

समय सीमित है, लेकिन आप स्मार्ट रणनीतियों के साथ इसका अधिकतम लाभ उठा सकते हैं। आइजनहावर मैट्रिक्स का उपयोग करके कार्यों को व्यवस्थित करके शुरुआत करें, जो आपको उन्हें तात्कालिकता और महत्व के आधार पर वर्गीकृत करने में मदद करता है। बड़े प्रोजेक्ट्स को छोटे, क्रियान्वित करने योग्य चरणों में विभाजित करें, और केंद्रित कार्य के लिए विशिष्ट समय-खंड निर्धारित करें। टाइमर या ऐप जैसे उपकरण आपको ट्रैक पर बने रहने में मदद कर सकते हैं। जब आप अपने समय का प्रभावी ढंग से प्रबंधन करते हैं, तो आप पाएंगे कि आपको समय सीमा पूरी करने के लिए कैफीन या चमत्कारों पर निर्भर रहने की आवश्यकता नहीं है।

सहायता दल: तनाव-मुक्ति हेतु अपनी ए-टीम का निर्माण

कोई भी अकेले तनाव का सामना नहीं कर सकता, और एक सपोर्ट सिस्टम बनाना बेहद ज़रूरी है। ऐसे सहकर्मियों की पहचान

करें जो सकारात्मकता और विश्वसनीयता लेकर आते हैं—आपकी "तनाव-मुक्ति ए-टीम"। इनमें ऑफिस थेरेपिस्ट (सहानुभूतिपूर्ण श्रोता), कॉमेडियन (जो मूड हल्का कर देता है), और स्नैक्स देने वाला (क्योंकि कभी-कभी, स्नैक्स ही असली हीरो होते हैं) शामिल हो सकते हैं। मुश्किल समय में अपनी टीम का साथ देकर आप विश्वास, सहयोग और साझा लचीलेपन की भावना को बढ़ावा देंगे।

मानसिकता में बदलाव: तनाव को अपने व्यक्तिगत विकास गुरु के रूप में पुनः परिभाषित करना

तनाव आपका दुश्मन नहीं है; यह एक शिक्षक भी हो सकता है। चुनौतियों को विकास के अवसरों के रूप में देखने से आपका नज़रिया भय से दृढ़ संकल्प की ओर बदल जाता है। जब आप किसी कठिन परिस्थिति का सामना करें, तो "मैं यह नहीं कर सकता" जैसे विचारों को "मैं इससे क्या सीख सकता हूँ?" से बदलें। यह मानसिकता तनाव के भावनात्मक भार को कम करती है और समय के साथ आपके आत्मविश्वास और लचीलेपन का निर्माण करती है।

अलगाव की कला: बिना डूबे गहराई से परवाह करना

अपने काम के प्रति जुनूनी होना सराहनीय है, लेकिन उससे अत्यधिक जुड़ाव बर्नआउट का कारण बन सकता है। संतुलन बनाए रखने के लिए, अलगाव का अभ्यास करें। खुद को याद दिलाएँ कि आपका काम आपकी पहचान का एक पहलू है, संपूर्णता नहीं। स्पष्ट सीमाएँ निर्धारित करें, जैसे कि काम के घंटों के बाद ईमेल न देखना, और ऐसे रीति-रिवाज़ बनाएँ जो कार्यदिवस के अंत का संकेत दें।

अगर आप घर से काम करते हैं, तो एक समर्पित कार्यस्थल पेशेवर और निजी जीवन के बीच एक रेखा खींचने में मदद कर सकता है।

हास्य कवच के रूप में: अराजकता के सामने हँसना

जब तनाव हो, तो हास्य आपका गुप्त हथियार हो सकता है। हँसी न केवल कॉर्टिसोल के स्तर को कम करती है, बल्कि जुड़ाव और सकारात्मकता को भी बढ़ावा देती है। कोई हल्का-फुल्का चुटकुला सुनाएँ, कोई मज़ेदार घटना सुनाएँ, या तनावपूर्ण परिस्थितियों में बेतुकेपन का पता लगाएँ। उदाहरण के लिए, जब तकनीक बुरी तरह विफल हो जाए—जैसे कि जब आपके कार्यालय का प्रिंटर दसवीं बार जाम हो जाए—तो उसे किसी सिटकॉम के शरारती किरदार की तरह कल्पना करें। हास्य मूड बदलने में मदद करता है और सभी को याद दिलाता है कि कोई भी संकट असंभव नहीं है।

आत्म-देखभाल स्वार्थी नहीं है: अपने तनाव-प्रतिरोधी स्व को पोषित करना

अंत में, अपनी देखभाल को अपनी दिनचर्या का एक अनिवार्य हिस्सा बनाएँ। आत्म-देखभाल आपके मानसिक और भावनात्मक भंडार को फिर से भर देती है, चाहे वह एक शांत सैर हो, एक आरामदायक स्नान हो, या आपका कोई पसंदीदा शौक हो। इसका मतलब ज़रूरत से ज़्यादा चीज़ें करने से नहीं, बल्कि अपनी भलाई के लिए स्थायी आदतें बनाने से है। याद रखें, अपना ख्याल रखना सिर्फ़ आपके लिए ही अच्छा नहीं है—यह आपको दूसरों की मदद करने में भी ज़्यादा प्रभावी बनाता है।

विज्ञान और अनुग्रह का संतुलन

तनाव प्रबंधन केवल तकनीकों के बारे में नहीं है; यह व्यावहारिक समाधानों और एक सुंदर मानसिकता के बीच सामंजस्य स्थापित करने के बारे में है। विज्ञान-समर्थित रणनीतियों को अपने और दूसरों के प्रति करुणामय दृष्टिकोण के साथ मिलाकर, आप एक लचीला, तनाव-प्रतिरोधी जीवन का निर्माण कर सकते हैं। इन सिद्धांतों को अपने शस्त्रागार में रखकर, सबसे कठिन चुनौतियाँ भी विकास, हँसी और फलने-फूलने के अवसर बन जाती हैं।

"तो क्या?" निष्कर्ष: तनाव प्रतिरोध आपकी महाशक्ति क्यों है?

तनाव आधुनिक जीवन की कहानी में खलनायक है, लेकिन तनाव प्रतिरोध में महारत हासिल करना आपको असल ज़िंदगी का सुपरहीरो बना सकता है। जैसे-जैसे आप तनाव से निपटने में माहिर होते जाते हैं, इसके लाभ आपके जीवन के हर पहलू में दिखाई देने लगते हैं। बेहतर कार्य प्रदर्शन एक स्वाभाविक परिणाम बन जाता है; जब आप दबाव में शांत रहते हैं, तो आप निर्णय लेने, समस्याओं का समाधान करने और स्पष्टता व संयम के साथ संघर्षों से निपटने में बेहतर ढंग से सक्षम होते हैं। प्रतिक्रिया देने के बजाय प्रतिक्रिया देने की आपकी क्षमता आपको संकट के समय एक भरोसेमंद व्यक्ति बनाती है, जिससे आपको सहकर्मियों और ग्राहकों का सम्मान और विश्वास मिलता है।

इसके फ़ायदे सिर्फ़ दफ़्तर की दीवारों से कहीं आगे तक फैले हैं। जब आप स्वास्थ्य के संदर्भ में तनाव का सामना करते हैं, तो हृदय

रोग, चिंता या अनिद्रा जैसी दीर्घकालिक तनाव स्थितियों से जुड़े जोखिम कारकों में कमी आपके शारीरिक और मानसिक स्वास्थ्य पर स्पष्ट रूप से दिखाई देती है। यह सभी द्वार खोलने में भी मदद करता है, जिससे निरंतर चिंता से मुक्त एक समृद्ध और अधिक आनंददायक जीवन की ओर अग्रसर होता है, और दूसरों को यह दिखाता है कि इसे बड़ी शालीनता से संभाला जा सकता है। तनाव से भरी इस दुनिया में, शांति का प्रतीक बनना सिर्फ़ एक व्यक्तिगत जीत नहीं है—यह एक महाशक्ति है जो आपके आस-पास के लोगों को भी ऐसा करने के लिए प्रेरित कर सकती है।

कैम्पी कॉर्नरः अपने भीतर के तनाव बॉल (या ज़ेन मास्टर) को अपनाना

हर कोई तनाव से एक जैसा नहीं निपटता। कुछ लोग तनाव की गेंदों की तरह होते हैं, जो तनाव को सोख लेते हैं और फिर घबराहट या उत्पादकता के उन्माद में फट पड़ते हैं। दूसरे लोग ज़ेन गुरु होते हैं, जो अपने आस-पास की अराजकता से अप्रभावित प्रतीत होते हैं। दोनों ही तरीकों के अपने-अपने गुण हैं; असली तरकीब यह है कि आप अपनी स्वाभाविक प्रवृत्तियों के विरुद्ध काम करने के बजाय उनके साथ काम करना सीखें।

एक सहकर्मी के बारे में सोचिए, जिसने एक आसन्न समय सीमा के बीच, पूरी तरह से बेकाबू होकर, डेस्क की हर सतह पर रंग-कोडित स्टिकी नोट्स चिपका दिए। जो एक संकट जैसा लग रहा था, वह वास्तव में एक शानदार संगठनात्मक व्यवस्था में बदल गया जिसने परियोजना को बचा लिया। दूसरी ओर, हमेशा शांत रहने वाले

सहकर्मी की अपनी कुछ अजीबोगरीब आदतें हो सकती हैं, जैसे कि आपूर्ति की अलमारी में अचानक पाँच मिनट का ध्यान का ब्रेक लेना।

ये उदाहरण एक महत्वपूर्ण सच्चाई को उजागर करते हैं: तनाव प्रबंधन के लिए कोई एक-समान तरीका मौजूद नहीं है। महत्वपूर्ण बात यह है कि आपके लिए क्या कारगर है, उसे पहचानें और बिना किसी निर्णय के उसे अपनाएँ। अगर आप इस उथल-पुथल में भी हास्य और रचनात्मकता देखने के लिए तैयार हैं, तो कभी-कभार होने वाला "तनाव का गोला" भी नए समाधान खोज सकता है।

गूगल द्वंद्वः "हे गूगल, मैं तनाव कैसे दूर करूँ? नहीं, मैं कोई और ध्यान ऐप डाउनलोड नहीं करना चाहता!"

हम सभी इस स्थिति से गुज़रे हैं—किसी सर्च इंजन में "तनाव कैसे दूर करें" टाइप करने पर हमें एक और ध्यान ऐप डाउनलोड करने या "बस टहलने निकल जाओ" जैसी सामान्य सलाह मिलती है। हालाँकि ये सुझाव स्वाभाविक रूप से बुरे नहीं होते, लेकिन इनमें अक्सर उस सूक्ष्मता और व्यक्तिगतता का अभाव होता है जो व्यक्तिगत तनावों को सही मायने में दूर करने के लिए ज़रूरी होती है।

कल्पना कीजिए कि अगर कोई AI आपके तनाव को संभालने की कोशिश करे। "क्या आपका दिन खराब चल रहा है? ये रही व्हेल की आवाज़ों की प्लेलिस्ट।" या इससे भी बदतर, "आपके ब्राउज़िंग इतिहास के आधार पर, आपको टैक्स की तैयारी पर यह निर्देशित ध्यान पसंद आ सकता है।" भले ही ये एल्गोरिथम-चालित समाधान नेकनीयत हों, लेकिन अक्सर लक्ष्य से चूक जाते हैं क्योंकि इनमें

मानवीय स्पर्श का अभाव होता है—बेतुकी बातों पर हँसने, तुरंत अनुकूलन करने और अनोखी रणनीतियाँ बनाने की क्षमता।

सच्चा तनाव प्रबंधन आपकी रचनात्मकता और संसाधनशीलता का उपयोग करने के बारे में है। यह जानना ज़रूरी है कि कब सामान्य सलाह को छोड़कर कुछ अनोखा करना है, जैसे कि एक छोटा सा डांस ब्रेक लेना या किसी भरोसेमंद दोस्त के साथ कॉफ़ी पर अपनी भड़ास निकालना। एआई रिमाइंडर और सुझावों के लिए बेहतरीन हो सकता है, लेकिन हास्य, जुड़ाव और नवाचार खोजने की मानवीय क्षमता हमेशा तनाव प्रबंधन की लड़ाई जीतेगी।

अपने जीवन का एक जागरूक इंजीनियर बनना

तनाव प्रबंधन का मतलब सिर्फ़ जीवन में आने वाली चुनौतियों पर प्रतिक्रिया देना नहीं है—यह सक्रिय रूप से अपनी प्रतिक्रियाओं को डिज़ाइन करने के बारे में है। खुद को अपने जीवन का इंजीनियर समझें, जो लचीलेपन को बढ़ावा देने वाली आदतों और रणनीतियों की नींव रखता है। अपने तनाव के कारणों की पहचान करके शुरुआत करें। क्या वे समय के दबाव, पारस्परिक संघर्षों या असफलता के डर से जुड़े हैं? एक बार जब आप अपने कारणों को जान लेते हैं, तो आप उनसे निपटने के लिए व्यवस्थाएँ बना सकते हैं।

उदाहरण के लिए, अगर तंग समय-सीमाएँ आपको तनाव देती हैं, तो अपने दिन को व्यवस्थित करने के लिए समय-अवरोधन तकनीकों को अपनाएँ। अगर कठिन बातचीत चिंता का कारण बनती है, तो सक्रिय रूप से सुनने और मुखर संचार कौशल का

अभ्यास करें। इन रणनीतियों को अपनी दिनचर्या में शामिल करने से आपको चुनौतियों के आने पर भी, स्थिर रहने में मदद मिलती है।

इसके अलावा, याद रखें कि अपने जीवन को व्यवस्थित करने का मतलब सिर्फ़ तनाव को दूर करना नहीं है—बल्कि इसके ज़रिए मिलने वाले अवसरों को अपनाना है। तनाव एक शक्तिशाली प्रेरक हो सकता है, जो आपको आगे बढ़ने और सफलता पाने के लिए प्रेरित करता है। आप अपनी प्रतिक्रियाओं को सचेत रूप से ढालकर तनाव को एक विध्वंसक से एक सहयोगी में बदल सकते हैं।

तनाव प्रबंधन के लिए चिंतनशील दृष्टिकोण

तनाव से लड़ने में चिंतन एक शक्तिशाली हथियार है। अपने अनुभवों पर विचार करने और उनका आकलन करने के लिए समय निकालने से आपको परिप्रेक्ष्य प्राप्त करने, पैटर्न की पहचान करने और बेहतर प्रतिक्रियाएँ विकसित करने में मदद मिलती है। यह चिंतनशील दृष्टिकोण समस्याओं पर ध्यान केंद्रित करने के बारे में नहीं है, बल्कि उन्हें समझने और उनसे निपटने के लिए जगह बनाने के बारे में है।

माइंडफुलनेस इस अभ्यास का आधार है। वर्तमान क्षण पर ध्यान केंद्रित करने से मानसिक अव्यवस्था कम हो सकती है जो अक्सर तनाव को बढ़ा देती है। एक सरल माइंडफुलनेस अभ्यास में चुपचाप बैठना, बिना किसी निर्णय के अपने विचारों का अवलोकन करना, और जब भी आपका मन भटके, धीरे से अपना ध्यान अपनी सांसों पर वापस लाना शामिल है। यह अभ्यास आपके मस्तिष्क को

वर्तमान में रहने के लिए प्रशिक्षित करता है, जिससे चुनौतियों का स्पष्टता से सामना करना आसान हो जाता है।

जर्नलिंग चिंतन का एक और प्रभावी साधन है। अपने तनावों और भावनाओं के बारे में लिखने से आपको उन्हें समझने में मदद मिलती है और अक्सर ऐसे समाधान भी सामने आते हैं जिनके बारे में आपने सोचा भी नहीं था। यह आपकी प्रगति पर नज़र रखने और छोटी-छोटी जीत का जश्न मनाने का भी एक शानदार तरीका है, जो आपके तनाव प्रबंधन प्रयासों के सकारात्मक प्रभाव को और मज़बूत करता है।

अंततः, तनाव के प्रति चिंतनशील दृष्टिकोण आत्म-जागरूकता और संकल्पशीलता को विकसित करने के बारे में है। यह एक अनुस्मारक है कि आपको तनाव के अधीन रहने की ज़रूरत नहीं है—आपके पास अपने अनुभव को आकार देने और इस प्रक्रिया में मज़बूत बनने की शक्ति है।

निष्कर्ष

चाहे आप उच्च दबाव वाली नौकरी कर रहे हों, व्यक्तिगत ज़िम्मेदारियों का प्रबंधन कर रहे हों, या अप्रत्याशित जीवन चुनौतियों का सामना कर रहे हों, तनाव इस यात्रा का एक अनिवार्य हिस्सा है। लेकिन अपने विशिष्ट व्यक्तित्व के अनुरूप रणनीतियाँ अपनाकर, अपनी रचनात्मकता का लाभ उठाकर, और एक चिंतनशील मानसिकता अपनाकर, आप तनाव को विकास के अवसर में बदल सकते हैं।

ये तरीके हमें याद दिलाते हैं कि तनाव प्रबंधन पूर्णता नहीं, बल्कि प्रगति है। हास्य, आत्म-जागरूकता और लचीलेपन के साथ, आप जीवन की कठिनाइयों का सामना शालीनता से कर सकते हैं, और सबसे कठिन क्षणों को भी चमकने के अवसरों में बदल सकते हैं। इसलिए अगली बार जब तनाव आपके दरवाज़े पर दस्तक दे, तो मुस्कुराकर उसका स्वागत करें और कहें, "चुनौती स्वीकार है!"

अध्याय 7: समस्या समाधान - ग्राहक संकटों से निपटने का तरीका

Outcome – Significance
Story – Audience
Segment – Audience
Trait – Personality

समस्या-समाधान के बारे में एक आम ग़लतफ़हमी यह है कि इसके लिए तुरंत एक आदर्श समाधान ढूँढ़ना ज़रूरी है। हालाँकि, ऐसा नहीं है। प्रभावी समस्या-समाधान की कुंजी संसाधनशीलता है—जो आपके पास मौजूद संसाधनों का उपयोग करके किसी चुनौतीपूर्ण स्थिति का अधिकतम लाभ उठाना है। सबसे अच्छे समस्या-समाधानकर्ता अक्सर वे होते हैं जो किसी समस्या को देखकर खुद से पूछ सकते हैं,*"मैं अपने पास उपलब्ध संसाधनों से क्या कर सकता हूँ?"*इस कौशल में निराशाजनक स्थिति को अप्रत्याशित सफलता में बदलने की शक्ति है।

इस बारे में बात करते हुए मुझे 2022 की कॉफी मेकर की बड़ी दुर्घटना याद आ गई। ऑफिस में एक आम दिन था। सब लोग तैयार हो रहे थे, ईमेल का जवाब दे रहे थे और आने वाले दिन की तैयारी कर रहे थे। लेकिन तभी, मुसीबत तब आ गई जब ऑफिस का कॉफी मेकर काम करना बंद कर दिया। एक मिनट पहले, वह कॉफी बना

रहा था; अगले ही मिनट, उसने एक अजीब सी आवाज की और पूरी तरह से खामोश हो गया।

पहले तो कोई घबराया नहीं। हम सबने सोचा कि शायद कोई गड़बड़ी होगी। लेकिन जैसे-जैसे मिनट बीतते गए, हकीकत सामने आई: हमारी प्यारी कॉफ़ी मशीन दिन भर के लिए काम कर चुकी थी, और उसके साथ ही ऑफिस की ऊर्जा भी। अब, मुझे पता है कि ज़्यादातर लोग सोचेंगे—तो क्या हुआ? इसमें क्या बड़ी बात है? यह तो बस कॉफ़ी है। हालाँकि, एक कॉर्पोरेट माहौल में काम करने वाला व्यक्ति जानता है कि कॉफ़ी किसी भी व्यवसाय की जान होती है। यह सभी को ऊर्जावान बनाए रखती है और दिन भर की चुनौतियों का सामना करने के लिए तैयार रखती है। इसके बिना हम सभी का सुस्त होना स्वाभाविक था।

इस समय, मुझे तनाव बढ़ता हुआ दिखाई दे रहा था। लोग टूटे हुए कॉफ़ी मेकर के चारों ओर खड़े हो गए। कुछ लोग उसे बक्सों में बंद करने लगे, सारे बटन दबाने लगे, जबकि कुछ लोग धीरे से बुदबुदा रहे थे। किसी को समझ नहीं आ रहा था कि इसे कैसे ठीक किया जाए। हम जितनी देर इसे ठीक करने की कोशिश करते, उतना ही बेबस महसूस करते। तभी मुझे एक बात का एहसास हुआ: हम मशीन तो नहीं चला पाएँगे, लेकिन फिर भी हम दिन गुजारने का कोई रास्ता निकाल ही लेंगे।

मैं कॉफ़ी मेकर का विशेषज्ञ तो नहीं था, लेकिन एक बात ज़रूर जानता था—कभी-कभी, आपको रचनात्मक होना पड़ता है। मैंने ऑफिस में इधर-उधर देखा और कमरे के कोने में एक फ्रेंच प्रेस देखा; कई लोग तो इसके अस्तित्व को ही भूल जाते हैं? हालाँकि यह

सबसे कारगर या आदर्श उपाय नहीं था, फिर भी यह कुछ तो था। मैंने उसे उठाया, थोड़ा गर्म पानी लिया और काम पर लग गया। यह कॉफ़ी मेकर जितना तेज़ तो नहीं था, लेकिन कुछ बार गिरने और कुछ कोशिशों के बाद मैंने इसे तैयार कर लिया।

और पता है क्या? लोग इकट्ठा होने लगे और हँसने-मज़ाक करने लगे कि हम इसे कैसे एक नई ऑफिस परंपरा बनाएँगे। हम सबने कॉफ़ी पी, और हालाँकि यह हमारी उम्मीद के मुताबिक़ कोई जल्दी का हल नहीं था, फिर भी यह कारगर रहा। हमने कॉफ़ी पी। हमारे पास एक समाधान था। और हमारे पास सुनाने के लिए एक नई कहानी थी।

आखिरकार, बात एकदम सही जवाब पाने की नहीं, बल्कि जो मौजूद था उसका इस्तेमाल करने, लीक से हटकर सोचने और दबाव में शांत रहने की थी। कॉफ़ी मेकर भले ही काम न कर पाया हो, लेकिन उस समय समस्या-समाधान पहले से कहीं ज़्यादा मज़बूत हो गया था।

समस्या-समाधान के दस आदेश (जब आपका मस्तिष्क गीले नूडल जैसा महसूस हो)

समस्या-समाधान एक ऐसी मांसपेशी है जिसे तेज़ बने रहने के लिए नियमित व्यायाम और थोड़े मार्गदर्शन की आवश्यकता होती है। चाहे कोई उच्च दबाव वाली मीटिंग हो या ग्राहक की शिकायत का निवारण, आपको ऐसे उपकरणों की आवश्यकता होती है जो आपको स्पष्ट रूप से सोचने, तेज़ी से अनुकूलन करने और सबसे महत्वपूर्ण, रचनात्मक समाधान निकालने में मदद करें। समस्या-

समाधान की कला में आपकी मदद करने के लिए यहां दस नियम दिए गए हैं, जिनमें थोड़ा हास्य और व्यावहारिक ज्ञान भी शामिल है।

शर्लक दृष्टिकोण: डियरस्टॉकर टोपी के बिना निगमनात्मक तर्क

अवलोकन आमतौर पर समस्या-समाधान से पहले होता है। शर्लक होम्स एक महान रहस्य-सुलझाने वाला और बारीकियों का गहन पर्यवेक्षक था। किसी समस्या का समाधान करते समय, पहले सारी जानकारी इकट्ठा करें। लक्षण क्या हैं? समस्या का कारण क्या था? थोड़ा शर्लक की तरह बनें: एक पर्यवेक्षक जो उन छोटी-छोटी बातों को पकड़ता है जो आपको समाधान तक ले जाएँगी। चाहे वह कोई नाराज़ ग्राहक हो या कोई तकनीकी खराबी, अपने अवलोकन कौशल को निखारने से समस्या के स्रोत का तुरंत पता लगाने में मदद मिल सकती है। यहाँ, सोच-विचार तर्कसंगत और बिना किसी जल्दबाजी के किया जाता है—तथ्यों को इकट्ठा करें और उनके आधार पर निष्कर्ष निकालें। और अगर आप ऐसा करते हुए वाकई चतुर दिखना चाहते हैं, तो बस एक विचारशील विराम लें, अपना चश्मा ठीक करें, और ऐसा दिखावा करें कि आप गहरी सोच में हैं।

ब्रेनस्टॉर्मिंग बोनान्ज़ा: गुणवत्ता से अधिक मात्रा (शुरुआत में)

कभी-कभी, सबसे रचनात्मक समाधान सबसे बेतुके, सबसे अजीबोगरीब विचारों से निकलते हैं। जब आप किसी समस्या में फँसें, तो खुद को जल्दी से सेंसर न करें। इसके बजाय, अपने दिमाग को खुला छोड़ दें। ब्रेनस्टॉर्मिंग का उद्देश्य ज़्यादा से ज़्यादा विचार

उत्पन्न करना है—चाहे वे कितने भी अवास्तविक क्यों न लगें। हाँ, इसमें शुरुआत में समय यात्रा या प्रशिक्षित बंदरों के बेड़े का सुझाव शामिल हो सकता है। लेकिन विचारों के इस ढेर से, आपको ऐसे पैटर्न और संबंध दिखाई देने लगते हैं जो किसी व्यावहारिक चीज़ की ओर ले जाते हैं। रहस्य मात्रा में है। ज़्यादा से ज़्यादा विचारों को लिखें, फिर उनमें से रत्नों को छान-बीन करें। यह सोने की खुदाई करने जैसा है; सोने की डली ढूँढ़ने के लिए आपको बहुत सारी मिट्टी हटानी होगी।

KISS सिद्धांत: इसे सरल और सरल रखें (किसी को भी मूर्ख कहे बिना)

कभी-कभी, किसी जटिल समस्या का सबसे अच्छा समाधान सबसे सरल होता है। KISS (Keep It Simple, Stupid) सिद्धांत समस्या-समाधान का स्वर्णिम नियम है। मामलों को जटिल बनाने या शब्दजाल का प्रयोग करने के बजाय, स्पष्टता पर ध्यान दें। चाहे आप किसी ग्राहक की शिकायत का समाधान कर रहे हों या अपनी टीम के सामने कोई उत्तर प्रस्तुत कर रहे हों, आप इसे जितना स्पष्ट करेंगे, उतना ही बेहतर होगा। बहुत अधिक विवरण आपके श्रोताओं और आपको भी परेशान कर सकता है, जिससे समस्या असाध्य लगने लगेगी। चीजों को सरल रखें और अनावश्यक जटिलता से बचें। किसी समस्या का कुशलतापूर्वक समाधान करने के लिए अक्सर एक सीधा समाधान ही काफी होता है।

लीक से हटकर सोचना: बिना उंगलियों के रंगों के रचनात्मकता

कभी-कभी, किसी समस्या का समाधान स्पष्ट समाधानों में नहीं होता। ऐसे में लीक से हटकर सोचना ज़रूरी हो जाता है। सामान्य दृष्टिकोण के बजाय, समस्या को ऐसे नज़रिए से देखने की कोशिश करें जिस पर किसी और ने विचार न किया हो। अगर आप कुछ बिल्कुल अलग करते तो क्या होता? आप किन संसाधनों का इस्तेमाल कर सकते थे जो मानक समाधान का हिस्सा नहीं हैं? इसका मतलब सिर्फ़ दिखावे के लिए अति रचनात्मक होना नहीं है, बल्कि समस्या-समाधान के अपने औज़ारों का विस्तार करने के लिए रचनात्मक सोच का इस्तेमाल करना है। यह किसी पहेली को एक अलग नज़रिए से देखकर सुलझाने जैसा है। अपनी कल्पना को बढ़ाएँ, लेकिन अपनी मांसपेशियों को न खींचे!

ग्राहक सहयोग: शिकायतकर्ताओं को सह-षड्यंत्रकारियों में बदलना

ग्राहक सेवा में, आपको अक्सर ऐसी शिकायतों का सामना करना पड़ता है जिनका समाधान असंभव लगता है। इसलिए ग्राहकों को समस्याओं की तरह समझने के बजाय, उन्हें समाधान का हिस्सा बनने में शामिल करें। ग्राहक की शिकायत को एक सहयोगात्मक प्रयास में बदलने से तनाव कम करने और रचनात्मक समाधान निकालने में मदद मिल सकती है। उनकी राय लें और उन्हें यह महसूस कराएँ कि वे समस्या का नहीं, बल्कि समाधान का हिस्सा हैं। यह तरीका कई तरह से मददगार है: इससे आप उनकी समस्याओं को ज़्यादा स्पष्ट रूप से समझ पाते हैं और बेहतर संवाद को बढ़ावा मिलता है, जिससे ग्राहक खुद को महत्वपूर्ण महसूस करते हैं। जब ग्राहक किसी समस्या के समाधान में सह-साजिशकर्ता की तरह

महसूस करते हैं, तो उनके नरम रुख अपनाने और स्थिति को और बिगाड़ने की संभावना कम होती है।

संसाधन अन्वेषण: अप्रत्याशित स्थानों पर समाधान खोजना

कभी-कभी, सबसे अच्छा समाधान आपके सामने ही होता है। ऐसे संसाधनों की तलाश करें जो शायद स्पष्ट उत्तर न लगें। क्या आप उपलब्ध संसाधनों से मैकगाइवर जैसा समाधान निकाल सकते हैं? पेपर क्लिप, रबर बैंड और डक्ट टेप जीवन की 90% छोटी-मोटी समस्याओं का समाधान कर सकते हैं, खासकर अगर आप रचनात्मक हैं। किसी समस्या का समाधान करने के लिए आपको हमेशा किसी महंगे उपकरण या उच्च तकनीक वाले गैजेट की ज़रूरत नहीं होती; आपको बस सोच-समझकर सोचना होगा। इस दृष्टिकोण की खूबसूरती यह है कि यह आपको कुछ नया या महंगा खोजने के बजाय, जो आपके पास है उसका उपयोग करना सिखाता है। ऐसे अपरंपरागत संसाधनों की तलाश करें जो आपको तुरंत समाधान खोजने में मदद कर सकें।

डोमिनो प्रभाव: भविष्य की समस्याओं का पूर्वानुमान लगाना और उन्हें रोकना

किसी समस्या को सुलझाने की कोशिश में, सिर्फ़ तात्कालिक स्थिति के बारे में सोचना आसान होता है। लेकिन एक अच्छा समस्या-समाधानकर्ता जानता है कि कार्रवाई का असर दूरगामी होता है। आज की समस्याओं का समाधान करना अच्छा है, लेकिन कल की समस्याओं का पूर्वानुमान लगाना कहीं बेहतर है। आगे की सोचकर

और व्यापक परिदृश्य को देखकर, आप ऐसे समाधान लागू कर सकते हैं जो वर्तमान समस्या का समाधान करें और भविष्य की समस्याओं को रोकें। यह शतरंज खेलने जैसा है—आप हमेशा अगली चाल के बारे में सोचते रहते हैं। संभावित समस्याओं का अभी समाधान करना, चाहे वे कितनी भी छोटी क्यों न लगें, भविष्य में आपका बहुत समय और तनाव बचाएगा। निवारक सोच एक महान समस्या-समाधानकर्ता की पहचान है।

तेजी से असफल हों, तेजी से सीखें: गलतियों को आगे बढ़ने के लिए कदम के रूप में स्वीकार करें

सच कहूँ तो: असफलता किसी को पसंद नहीं होती। लेकिन असफलता अक्सर सबसे अच्छी शिक्षक होती है। ज़रूरी बात यह है कि इससे डरें नहीं। बल्कि, असफलता को प्रक्रिया का एक हिस्सा मानकर स्वीकार करें। जब कोई चीज़ काम नहीं करती, तो यह दुनिया का अंत नहीं है; यह सीखने और अपने दृष्टिकोण को बदलने का एक मौका है। जल्दी असफल हो जाएँ, फिर अनुभव से सीखें। यह मानसिकता आपको डर पर काबू पाने और तब तक समाधानों को परखते रहने में सक्षम बनाती है जब तक आपको कोई कारगर समाधान न मिल जाए। दरअसल, कुछ सबसे सफल नवप्रवर्तक वे होते हैं जो सबसे ज़्यादा असफल हुए हैं—क्योंकि हर असफलता ने उन्हें कुछ नया सिखाया है। असफलता को खुद को रोकने न दें; इसे आपको एक बेहतर समाधान की ओर ले जाने दें।

टीमवर्क की शक्ति: हाइव माइंड का उपयोग

हम खुद को अकेले समस्या-समाधानकर्ता समझने की जितनी भी कोशिश करें, सच्चाई यही है कि सहयोग से अक्सर सबसे अच्छे समाधान निकलते हैं। समस्या-समाधान एक टीम-खेल है; आपके आस-पास के लोग ही सब कुछ बदल देते हैं। तरकीब यह है कि अंतहीन चर्चाओं में उलझे बिना समूह की शक्ति का भरपूर उपयोग किया जाए। विविध दृष्टिकोणों को एकत्रित करने और टीम के सामूहिक ज्ञान और रचनात्मकता का उपयोग करने पर ध्यान केंद्रित करें। एक अच्छा टीम लीडर जानता है कि समूह को सही रास्ते पर कैसे रखा जाए, यह सुनिश्चित कैसे किया जाए कि सभी की बात सुनी जाए, और बैठक को अराजकता में बदले बिना टीम को व्यावहारिक समाधानों की ओर कैसे निर्देशित किया जाए। एक अच्छी तरह से काम करने वाली टीम समस्या-समाधान का एक शक्तिशाली स्रोत होती है।

अनुवर्ती कुशलता: यह सुनिश्चित करना कि समाधान लागू हो

किसी समाधान के साथ दीर्घकालिक सफलता प्राप्त करने के लिए बस काम करना ज़रूरी है। समस्या का समाधान हो जाने के बाद, आप अगली समस्या पर आगे बढ़ सकते हैं—लेकिन केवल थोड़ी-सी फ़ॉलो-अप के बाद ही, ताकि यह सुनिश्चित हो सके कि पिछले समाधान से कोई समस्या शेष न रह जाए। फ़ॉलो-अप यह दर्शाता है कि आपको परिणाम की परवाह है और आप समस्या को दोबारा होने से रोकने के लिए प्रतिबद्ध हैं। यह आपको उन संभावित बदलावों की पहचान करने का अवसर भी प्रदान करता है जो समाधान को और बेहतर बना सकते हैं। हालाँकि अगली चुनौती पर

आगे बढ़ना आसान है, लेकिन थोड़ी-सी फ़ॉलो-अप से विश्वास बढ़ता है और स्थायी सफलता सुनिश्चित होती है।

एक अनुनादित पारस्परिक व्यक्तित्व का निर्माण

एक अच्छा समस्या-समाधानकर्ता होना केवल बौद्धिक क्षमता पर निर्भर नहीं करता—यह इस बात पर भी निर्भर करता है कि आप दूसरों के साथ कैसे व्यवहार करते हैं। एक "प्रतिध्वनिपूर्ण पारस्परिक व्यक्तित्व" में लोगों से जुड़ना, उनकी ज़रूरतों को समझना और उनके साथ इस तरह से व्यवहार करना शामिल है जिससे आपसी सम्मान बढ़े। समस्या-समाधान के लिए अक्सर बातचीत और समझौते की आवश्यकता होती है, और मज़बूत पारस्परिक कौशल कठिन बातचीत को आसान बना देते हैं। सहानुभूति और भावनात्मक बुद्धिमत्ता विकसित करने से आपकी समस्या-समाधान क्षमताएँ बढ़ती हैं। जब लोग महसूस करते हैं कि उनकी बात सुनी जा रही है और उन्हें महत्व दिया जा रहा है, तो वे सहयोग करने और समाधानों को अपनाने के लिए ज़्यादा इच्छुक होते हैं।

विशेषज्ञता, तालमेल और विकास का महत्व

महान समस्या-समाधानकर्ता निरंतर सुधार करते रहते हैं। कोई भी व्यक्ति जन्म से ही पूर्ण समस्या-समाधानकर्ता नहीं होता, लेकिन सही सोच, विशेषज्ञता और आपसी तालमेल के साथ आप एक आदर्श समस्या-समाधानकर्ता बन सकते हैं। विशेषज्ञता जटिल समस्याओं को सुलझाने के लिए उपकरण और ज्ञान प्रदान करती है, जबकि आपसी तालमेल विश्वास और सहयोग को बढ़ावा देता है।

अपने कौशल को निखारकर और संबंध बनाकर, आप चुनौतियों से निपटने के लिए बेहतर रणनीतियाँ विकसित कर सकते हैं। याद रखें, समस्या-समाधान एक यात्रा है, मंज़िल नहीं। जिज्ञासु बने रहें, विनम्र बने रहें और आगे बढ़ते रहें।

"तो क्या?" निष्कर्ष: रचनात्मक समस्या-समाधान आपकी सफलता का टिकट क्यों है

रचनात्मक समस्या-समाधान केवल एक अच्छा कौशल ही नहीं है; यह करियर की सफलता, ग्राहक निष्ठा और व्यक्तिगत संतुष्टि के लिए एक महत्वपूर्ण घटक है। यह आपको लीक से हटकर सोचने, बदलती परिस्थितियों के अनुकूल ढलने और नए समाधान तैयार करने में सक्षम बनाता है।

आपके करियर में, रचनात्मक समस्या-समाधान आपको अलग पहचान दिलाता है। ज़्यादातर कर्मचारी प्रक्रियाओं का पालन कर सकते हैं और समय-सीमाओं को पूरा कर सकते हैं, लेकिन जो लोग आलोचनात्मक सोच रखते हैं और नए समाधान खोजते हैं, वे टीम के अनिवार्य सदस्य बन जाते हैं। यह कौशल कंपनी में आपका मूल्य बढ़ाता है और उन्नति के द्वार खोलता है।

व्यवसायों के लिए, रचनात्मक समस्या-समाधान ग्राहक निष्ठा को बढ़ाता है। ग्राहक केवल अपनी समस्याओं का समाधान नहीं चाहते; वे यह भी चाहते हैं कि उनकी बात सुनी जाए, उन्हें समझा जाए और उन्हें महत्व दिया जाए। उनकी चिंताओं का रचनात्मक समाधान यह दर्शाता है कि आप अतिरिक्त प्रयास करने को तैयार हैं, दीर्घकालिक

संबंध बनाते हैं और यह सुनिश्चित करते हैं कि आपके व्यवसाय की पुनरावृत्ति हो।

व्यक्तिगत स्तर पर, रचनात्मक तरीके से समस्याओं का समाधान करना बेहद संतुष्टिदायक होता है। इससे आत्मविश्वास बढ़ता है, समस्या-समाधान कौशल मज़बूत होते हैं और लचीलापन बढ़ता है। इस कौशल में निपुणता आपको आज़ादी और सशक्तता का एहसास दिलाती है, जिससे जीवन के प्रति आपका नज़रिया बदल जाता है।

कैम्पी कॉर्नरः अपने भीतर के पागल वैज्ञानिक (या व्यवस्थित विचारक) को अपनाएँ

समस्या-समाधान विविध और गतिशील है, और इसका कोई एक "सही" तरीका नहीं है। हर व्यक्ति अलग-अलग सोचता है, चाहे वह बेहद रचनात्मक "पागल वैज्ञानिक" हो या फिर सूक्ष्म, व्यवस्थित विचारक।

पागल वैज्ञानिक के लिए, लीक से हटकर सोचने का मतलब अक्सर तर्क को चुनौती देना और अपरंपरागत विचारों की खोज करना होता है। उदाहरण के लिए, जब एक उत्पादन लाइन में खराबी आ गई, तो एक कर्मचारी ने समस्या को अस्थायी रूप से ठीक करने के लिए डक्ट टेप और पेपर क्लिप का उपयोग करने का सुझाव दिया। अपरंपरागत होने के बावजूद, यह समाधान कारगर रहा और कंपनी को मरम्मत पर होने वाले खर्च में काफी बचत हुई।

दूसरी ओर, व्यवस्थित विचारक आँकड़े एकत्र करना, उनका विश्लेषण करना और एक संरचित प्रक्रिया का पालन करना पसंद

करते हैं। उनका तार्किक दृष्टिकोण सटीकता और विश्वसनीयता सुनिश्चित करता है, जो कुछ स्थितियों में अमूल्य है।

दोनों ही तरीकों की अपनी खूबियाँ हैं। पागल वैज्ञानिक त्वरित, रचनात्मक समाधान प्रदान करता है, जबकि व्यवस्थित विचारक स्थायी समाधान सुनिश्चित करता है। सफल समस्या-समाधानकर्ता अक्सर दोनों शैलियों का मिश्रण करते हैं, यह जानते हुए कि कब रचनात्मकता को अपनाना है और कब संरचना पर निर्भर रहना है।

गूगल द्वंद्व: "हे गूगल, मेरी यह समस्या हल करो! नहीं, मैं सिस्टम को रीबूट नहीं करना चाहता!"

आज की तकनीक-चालित दुनिया में, समाधानों के लिए डिजिटल सहायकों या सर्च इंजनों पर निर्भर रहना आकर्षक लगता है। हालाँकि ये उपकरण बुनियादी काम तो कर सकते हैं, लेकिन जटिल समस्याओं के समाधान के लिए ज़रूरी रचनात्मकता, सहानुभूति और अंतर्ज्ञान का इनमें अभाव होता है।

उदाहरण के लिए, अगर कंप्यूटर में कोई खराबी आ जाए, तो एक AI सहायक सिस्टम को रीबूट करने या अपडेट करने का सुझाव दे सकता है। लेकिन अगर समस्या ज़्यादा जटिल हो, तो क्या होगा? गहरे मुद्दों को सुलझाने के लिए अक्सर मानवीय अंतर्ज्ञान, आलोचनात्मक सोच और व्यापक दृष्टिकोण की आवश्यकता होती है।

इसी तरह, ग्राहक सेवा में, एक एआई चैटबॉट सवालों के जवाब तो कुशलता से दे सकता है, लेकिन निराश ग्राहक के साथ सहानुभूति नहीं रख सकता। सार्थक संबंध बनाने और सूक्ष्म

समस्याओं का समाधान करने में मानवीय स्पर्श की कोई जगह नहीं है।

हालाँकि तकनीक एक मूल्यवान उपकरण है, लेकिन वास्तविक समस्या-समाधान मानवीय रचनात्मकता और सहज ज्ञान पर निर्भर करता है। तकनीक का उपयोग एक सहायता के रूप में करें, बैसाखी के रूप में नहीं, और अपनी प्रतिभा पर भरोसा रखें।

तथ्यात्मक आख्यान और भविष्य की रूपरेखा

कहानी सुनाना समस्याओं को सुलझाने का एक प्रभावशाली तरीका है। यह सिर्फ़ तथ्य साझा करने के बारे में नहीं है—यह एक स्पष्ट, प्रासंगिक कहानी बनाने के बारे में है जो सभी को समस्या को समझने और समाधान की कल्पना करने में मदद करती है। एक अच्छी कहानी लोगों को समस्या से जोड़ सकती है और नए विचारों के साथ आना आसान बना सकती है। उदाहरण के लिए, कार्यस्थल पर किसी चुनौती को कहानी के माध्यम से समझाने से टीम को उसे एक नए नज़रिए से देखने और समाधान पर मिलकर काम करने में मदद मिल सकती है।

भविष्य की रूपरेखा एक और उपयोगी तरीका है। इसका अर्थ है एक सफल परिणाम की कल्पना करना और फिर उस तक पहुँचने के लिए कदम उठाना। अभी क्या गलत है, इस पर ध्यान केंद्रित करने के बजाय, आप यह सोचें कि अगर समस्या हल हो जाए तो चीज़ें कैसी दिखेंगी। उदाहरण के लिए, अगर कोई व्यवसाय ग्राहकों को खो रहा है, तो भविष्य की रूपरेखा में उस समय की कल्पना करना शामिल हो सकता है जब ग्राहक खुश और वफ़ादार महसूस

करेंगे। सेवा में सुधार, अनुभवों को वैयक्तिकृत करना, या मज़बूत संबंध बनाना जैसे कदम उस कल्पना को साकार कर सकते हैं—बजाय केवल छूट जैसे त्वरित समाधान देने के।

कहानी कहने और भविष्य की रूपरेखा तैयार करने का उपयोग करके, आप अपना ध्यान अल्पकालिक समाधानों से हटाकर दीर्घकालिक, सकारात्मक बदलावों पर केंद्रित कर सकते हैं। ये तरीके आपको अधिक रचनात्मक रूप से सोचने और ऐसे समाधान खोजने में मदद करते हैं जो वाकई बदलाव लाएँ।

समस्या-समाधान का कुल्ला सिद्धांत

कुल्ला सिद्धांत समाधानों को बेहतर बनाने का एक सीधा-सादा लेकिन प्रभावशाली तरीका है। किसी चीज़ को साफ़ करने के लिए बार-बार कुल्ला करने की तरह, यह तरीका समय के साथ समाधानों की समीक्षा और उन्हें बेहतर बनाने पर केंद्रित है।

एक बार जब आप कोई समाधान लागू कर लें, तो एक पल रुककर देखें कि वह कितना कारगर रहा। उन क्षेत्रों की तलाश करें जहाँ सुधार किया जा सकता था और जहाँ ज़रूरत हो, वहाँ बदलाव करें। यह प्रक्रिया यह समझती है कि समाधान पहली बार में शायद ही कभी सही होते हैं और आपको उन्हें लगातार बेहतर बनाने के लिए प्रोत्साहित करती है।

रिंस सिद्धांत का पालन करके, आप अपनी समस्या-समाधान क्षमता का विकास कर सकते हैं और हर प्रयास के साथ बेहतर समाधान निकाल सकते हैं। यह सीखने, सुधार करने और लगातार सफलता की ओर बढ़ने के बारे में है।

अध्याय 8: सहानुभूति - उनके जूते में एक मील चलना (भले ही वे मगरमच्छ हों)

Outcome – Moral

Story – Conflict

Segment – Emotional

Trait – Willing

Test – Effective

ज़िंदगी में कभी-कभी हम खुद को ऐसी स्थिति में पाते हैं जो हमारे नियंत्रण से इतनी दूर हो जाती है कि हमें आश्चर्य होता है कि ये हालात कैसे आ गए। मंगलवार की दोपहर मैं भी कुछ ऐसा ही था, एक गिफ्ट शॉप के बीच में रिबन का एक स्पूल पकड़े खड़ा था, फूलों की सजावट, खानपान के कार्यक्रम, या दूल्हे की माँ को दुल्हन के परिवार के पास बैठना चाहिए या नहीं, जैसे सवालों से बचते हुए खुद को शांत रखने की कोशिश कर रहा था। मैं, आखिर कैसे एक दिन के लिए वेडिंग प्लानर बन गया? चलिए, मैं इसे शुरुआत में ले चलता हूँ।

यह सब एक साधारण सी सी गुज़ारिश से शुरू हुआ। जिस दुकान में मैं काम करता था, वहाँ एक बुजुर्ग महिला दौड़ती हुई आई; उसकी बाँहें तोहफ़ों से भरी थीं। उसने अचानक पूछा, "क्या आप इन्हें गिफ्ट रैप में लपेट सकते हैं?"

मैंने सिर हिलाया और पहला डिब्बा उठा लिया। जैसे ही मैंने कागज़ मोड़ना शुरू किया, वह अचानक बोल पड़ी, "यह शादी के लिए है। मेरी बेटी की शादी। कल।"

“कल?” मैंने अपने आश्चर्य को रोकने की कोशिश करते हुए दोहराया।

"हाँ," उसने कहा, उसके मुँह से शब्द निकल रहे थे। "सब कुछ बिखर रहा है। कैटरर हमें छोड़कर चला गया। फूलवाला ग़लत फूल ले आया है। और मेरे पास इन्हें लपेटने का भी समय नहीं है!"

उसकी आवाज़ लड़खड़ा गई, और उस पल मुझे समझ आ गया कि वो कितनी परेशान थी। उसने जो काम करने को कहा था, उसे पूरा करना आसान होता: गिफ्ट पैक करना, पैसे लेना और आगे बढ़ जाना। लेकिन उसकी आवाज़ में कुछ ऐसा था जिसने मुझे रुकने पर मजबूर कर दिया। उसे टालने के बजाय, मैंने पूछा, "क्या मैं और कुछ मदद कर सकती हूँ?"

फिर शुरू हुआ अफरा-तफरी का माहौल। शुरू में तो वह हिचकिचा रही थी, लेकिन जैसे ही मैंने दोबारा सवाल पूछा, उसने शादी की तैयारियों का पूरा ब्यौरा दे दिया। जगह डबल बुक थी, दूल्हे पक्ष में पारिवारिक कलह थी, और वह दो दिनों से सोई नहीं थी। बिना सोचे-समझे, मैंने उसे आइडिया देने शुरू कर दिए, और कुछ ही देर में, मैं एक कैटरर से फ़ोन पर बात कर रही थी जिसे मैं जानती थी।

एक घंटे बाद, वह बैठने की व्यवस्था पर चर्चा करके शादी के रंगों से मेल खाते रिबन उठाने में मदद कर रही थी। दिन खत्म होने से

पहले, मैंने किसी तरह एक फूलवाले को फूल बदलने के लिए कह दिया और दुल्हन के घबराए हुए फ़ोन कॉल को शांत कर दिया।

तभी मुझे एहसास हुआ कि सबसे ज़्यादा उसे जवाबों की नहीं, बल्कि किसी ऐसे व्यक्ति की ज़रूरत थी जो उसकी बात सुन सके, कोई ऐसा जो खुद को उसकी जगह रखकर उसके कामों को परखे बिना उसके तनाव का आकलन कर सके। सहानुभूति ने इस आम काम को एक वास्तविक बदलाव लाने के अवसर में बदल दिया है।

उस दिन मुझे यह सीख मिली कि सहानुभूति का मतलब हर समस्या का समाधान करना या किसी दूसरे व्यक्ति का सारा बोझ उठाना नहीं है, बल्कि इसका मतलब है उस व्यक्ति के जूते में खुद को ढालना, चाहे वह कितना भी असहज या अस्त-व्यस्त क्यों न हो, और उस व्यक्ति से उसकी स्थिति के अनुसार मिलना। यह दर्शाता है कि आप उनकी स्थिति को समझने और यथासंभव मदद करने के लिए पर्याप्त परवाह करते हैं।

शादी बहुत ही शानदार तरीके से संपन्न हुई, और दुल्हन को आखिरी पल की भागदौड़ के बारे में कुछ भी पता नहीं चला। मैंने उन्हें लिपटे हुए उपहार दिए, और माँ ने मुझे गले लगा लिया और कहा, "मैं यह तुम्हारे बिना नहीं कर पाती।"

कुछ खास पलों में, थोड़ी सी सहानुभूति किसी संकट को एक सार्थक रिश्ते में बदलने के लिए काफ़ी होती है—और यहाँ तक कि क्रॉक्स की तरह ज़िंदगी की अजीबोगरीब चीज़ों को देखने का एक नया नज़रिया भी देती है। सहानुभूति सिर्फ़ समस्याओं का समाधान ही नहीं करती; यह लोगों के बीच सेतु का निर्माण करती है, जिससे हम एक-दूसरे को सही मायने में समझ पाते हैं। इसलिए उस दिन,

जब मैंने किसी और के जूते (दरअसल, क्रॉक्स के एक सेट) पहने, तो मुझे सुनने, धैर्य और परोपकार की शक्ति का एहसास हुआ।

दस सहानुभूति आज्ञाएँ (जब आप समझने के बजाय आलोचना करना पसंद करते हैं)

सहानुभूति एक ऐसी महाशक्ति है जो एक साधारण बातचीत को एक असाधारण अनुभव में बदल सकती है। अपनी शक्ति के बावजूद, यह सबसे कठिन कौशलों में से एक है, खासकर जब आप चुनौतीपूर्ण व्यक्तित्वों या परिस्थितियों का सामना कर रहे हों। यह मार्गदर्शिका हर बातचीत में सहानुभूति विकसित करने के लिए दस व्यावहारिक "आज्ञाएँ" प्रदान करती है, चाहे आप किसी असंतुष्ट ग्राहक से निपट रहे हों, सांस्कृतिक बारीकियों से निपट रहे हों, या बस अपनी मानसिक शांति बनाए रखने की कोशिश कर रहे हों।

1. भावनात्मक गिरगिट: मूड मिररिंग की कला में महारत हासिल करना

क्या आपने कभी किसी को बड़बड़ाते हुए सुना है और यह तय करना मुश्किल हो गया है कि क्या उसी तरह की भावनाएँ जगाएँ या बस बात को शांत कर दें? ऐसे समय में आपको भावनात्मक रूप से गिरगिट की तरह व्यवहार करना चाहिए, बस उनके मूड को दोहराते हुए, लेकिन चीजों को उस दिशा में आगे नहीं बढ़ने देना चाहिए। उदाहरण के लिए, अगर कोई ग्राहक देरी से आए पैकेज से परेशान है, तो उसे इस तरह जवाब दिया जा सकता है: "मैं इस समय आपकी निराशा के स्तर को पूरी तरह से समझ सकता हूँ। आइए इस पर मिलकर काम करें।"

तरकीब यह है कि नकल किए बिना सहानुभूति रखें। आपको उनकी भावनाओं को प्रतिबिंबित करना है, उनकी नकल नहीं। खुद को एक शांत उपस्थिति के रूप में सोचें, न कि एक भावनात्मक प्रतिध्वनि के रूप में। थोड़े अभ्यास से, आप सीख जाएँगे कि बातचीत को समाधान की ओर ले जाते हुए उनकी भावनाओं को कैसे महत्व दिया जाए।

1. **सक्रिय श्रवण 2.0: जो नहीं कहा जा रहा है उसे सुनना:**ग्राहक सेवा में सहानुभूति शब्दों से कहीं आगे जाती है; इसमें उस बात को समझना शामिल है जो कही नहीं जा रही है। ग्राहक अक्सर अपनी कुंठाओं को सूक्ष्मता से व्यक्त करते हैं, जिससे सेवा पेशेवरों को उनकी सच्ची भावनाओं को समझने का काम मिल जाता है। सक्रिय रूप से सुनने के लिए शब्दों, लहजे, गति और यहाँ तक कि उनके भाषण में आए विरामों पर भी ध्यान देना आवश्यक है। यहीं से सच्ची सहानुभूति की शुरुआत होती है—अर्थ को समझकर और अनकही चिंताओं का जवाब देकर।

उदाहरण के लिए, अगर कोई ग्राहक कहता है, "इसमें अपेक्षा से ज़्यादा समय लग रहा है," तो असल में यह कह रहा होगा, "मुझे लगता है कि मेरे समय की कद्र नहीं की जा रही है।" जवाब में, "मैं आपकी बात सुन रहा हूँ—इंतज़ार करना निराशाजनक है। मुझे इसे आपके लिए प्राथमिकता देने दीजिए," कहना उनकी निराशा को पुष्ट करता है और साथ ही उनकी समस्या के समाधान के प्रति आपकी प्रतिबद्धता को भी दर्शाता है।

इस कौशल में निपुणता हासिल करने के लिए, सतह के नीचे क्या है, इस पर ध्यान केंद्रित करें। क्या वे सामान्य से तेज़ या धीमे बोल रहे

हैं? क्या उनका स्वर ज़्यादा कटा हुआ या धीमा है? ये श्रवण संकेत उनकी भावनात्मक स्थिति की अंतर्दृष्टि प्रदान करते हैं, और आपको उनके शब्दों और भावनाओं पर प्रतिक्रिया करने के लिए मार्गदर्शन करते हैं। सक्रिय श्रवण का अभ्यास करके, आप ग्राहक संचार की छिपी हुई परतों को उजागर करते हैं और उन्हें वास्तव में समझा हुआ महसूस कराते हैं।

2. **परिप्रेक्ष्य परिवर्तन: ग्राहक-रंगीन चश्मे से दुनिया को देखना:**जब आप खुद को किसी दूसरे व्यक्ति की जगह रखकर देखते हैं, तो सहानुभूति पनपती है, और आप खुद को उस उपभोक्ता के रूप में देखते हैं जिसे हाल ही में एक खराब उपकरण मिला है। उनकी निराशा को अधीरता समझने के बजाय, सोचें कि आप उनकी जगह पर होते तो कैसा महसूस करते। नज़रिए में यह बदलाव एक शक्तिशाली सहानुभूति का अभ्यास है जो आपके और ग्राहक के बीच की दूरी को कम करने में मदद करता है।

मान लीजिए कोई ग्राहक गुस्से में कहता है, "मैं हफ़्तों से इंतज़ार कर रहा हूँ, और यह अभी भी टूटा हुआ है!" "इन चीज़ों में समय लगता है" जैसा नकारात्मक जवाब उनकी निराशा को और बढ़ा सकता है। इसके बजाय, "मैं समझ सकता हूँ कि यह कितना निराशाजनक होगा। चलो इसे ठीक करने का कोई तरीका निकालते हैं" जैसा सहानुभूतिपूर्ण जवाब सच्ची परवाह दर्शाता है। नज़रिया बदलने से आप एक दूर बैठे सेवा प्रदाता से एक ऐसे साथी में बदल जाते हैं जो आपकी चिंताओं को सचमुच समझता है।

इस कौशल का अभ्यास करके, आप एक ज़्यादा मानवीय रिश्ता बनाते हैं। जब ग्राहक देखते हैं कि आप उनकी नज़र से समस्या को

देखने को तैयार हैं, तो इससे विश्वास और वफ़ादारी बढ़ती है। यह तरीका न सिर्फ़ समस्याओं का समाधान करता है; बल्कि स्थायी रिश्ते भी बनाता है।

3. **सहानुभूति बनाम सहानुभूति: एक समर्थक बनें, न कि एक रक्षक:**ग्राहक सेवा में, सहानुभूति और सहानुभूति के बीच का अंतर जानना ज़रूरी है। सहानुभूति का एक सामान्य घटक दया है, जिसे ग्राहक तुच्छ समझ सकता है। इसके विपरीत, सहानुभूति यह दर्शाती है कि आप उनकी निराशा के समय उनके साथ चलकर उनकी चिंताओं को सचमुच समझते हैं।

एक स्थिति की कल्पना कीजिए: एक ग्राहक जो स्पष्ट रूप से परेशान है, बिलिंग त्रुटि के बारे में कॉल करता है। जवाब में यह कहना कि "ओह, मुझे बहुत अफ़सोस है कि आपके साथ ऐसा हुआ!" अपमानजनक या अति-नाटकीय हो सकता है। इसके बजाय, यह कहना कि "मुझे पता है कि यह कितना परेशान करने वाला होगा। आइए इसे सुलझाने के लिए मिलकर काम करें," एक संतुलन बनाता है। आप उनके अनुभव को कम किए बिना या इसे अपने बारे में बताए बिना उनकी निराशा को स्वीकार कर रहे हैं।

सहानुभूति ग्राहकों को समाधान में शामिल करके उन्हें सशक्त बनाती है। जब उन्हें सम्मान और समर्थन का एहसास होता है, तो उनका रवैया अक्सर निराशा से सहयोग की ओर बदल जाता है। यह सूक्ष्म अंतर आपकी भूमिका को समस्याओं के समाधान से सार्थक संबंध बनाने की ओर ले जाता है।

4. **मान्यता स्टेशन: बिना गुस्सा पैदा किए भावनाओं को स्वीकार करना:**मान्यता, सहानुभूति का एक महत्वपूर्ण हिस्सा है।

मान्यता का एहसास ग्राहक को यह एहसास दिला सकता है कि उनकी बात सुनी जा रही है, भले ही उनकी शिकायतें अनुचित हों। यह कला उनकी भावनाओं को स्वीकार करने और बातचीत को रचनात्मक समाधानों की ओर मोड़ने के बीच संतुलन बनाने में निहित है।

उदाहरण के लिए, कोई ग्राहक किसी नॉन-रिफंडेबल पॉलिसी से परेशान होकर कह सकता है, "यह उचित नहीं है!" जवाब में, "मैं समझता हूँ कि यह अनुचित क्यों लगता है। मैं आपको समझाता हूँ कि यह पॉलिसी क्यों है और हम आपकी मदद के लिए क्या कर सकते हैं," कहना, उनकी भावनाओं को मान्य करता है, बिना उन माँगों पर सहमति जताए जिन्हें आप पूरा नहीं कर सकते। यह उनके दृष्टिकोण के प्रति सम्मान दर्शाता है और साथ ही ध्यान को धीरे-धीरे समाधान की ओर मोड़ देता है।

मान्यता का मतलब हर शिकायत को नज़रअंदाज़ करना नहीं है; इसका मतलब है बातचीत के लिए एक सुरक्षित माहौल बनाना। उनकी भावनाओं को स्वीकार करके, आप तनाव कम करते हैं और सार्थक बातचीत का रास्ता खोलते हैं।

5. सांस्कृतिक सहानुभूति: किसी के पैर पर पैर रखे बिना वैश्विक गांव में नेविगेट करना:आज की परस्पर जुड़ी दुनिया में, ग्राहक सेवा में अक्सर विविध सांस्कृतिक पृष्ठभूमि वाले लोगों से जुड़ना शामिल होता है। सांस्कृतिक सहानुभूति का अर्थ है इन अंतरों को समझना और उसके अनुसार अपना दृष्टिकोण अपनाना।

उदाहरण के लिए, कुछ संस्कृतियाँ औपचारिकता को बहुत महत्व देती हैं, जबकि अन्य संस्कृतियाँ अनौपचारिक लहजे को पसंद

करती हैं। अगर किसी औपचारिक पृष्ठभूमि वाले ग्राहक को अत्यधिक दोस्ताना ईमेल मिलता है, तो वे इसे गैर-पेशेवर मान सकते हैं। इसके विपरीत, एक अनौपचारिक ग्राहक अत्यधिक कठोर संचार से अलग-थलग महसूस कर सकता है।

भाषा संबंधी बाधाओं, शारीरिक हाव-भाव और सांस्कृतिक मानदंडों का ध्यान रखकर शुरुआत करें। अगर आप अनिश्चित हैं, तो सम्मानपूर्वक पूछें: "आप चाहते हैं कि हम आगे कैसे बढ़ें?" यह छोटा सा कदम गलतफहमियों को रोकता है और विश्वास बढ़ाता है। सांस्कृतिक सहानुभूति का अर्थ है व्यक्तिगत और विचारशील सेवा प्रदान करने के लिए मतभेदों को स्वीकार करना।

6. **सहानुभूति कसरत: आपकी करुणा की मांसपेशियों को मजबूत करना:**सहानुभूति एक मांसपेशी की तरह है—अभ्यास से यह और मज़बूत होती जाती है। रोज़मर्रा की परिस्थितियाँ इस कौशल को निखारने के भरपूर अवसर प्रदान करती हैं। आप किसी सहकर्मी को किसी मुश्किल ग्राहक से निपटते हुए देखते हैं या किसी अजनबी को किराने की दुकान पर लंबी लाइन में जूझते हुए देखते हैं। खुद से पूछें, "उनकी जगह पर मैं कैसा महसूस करता?"

जर्नलिंग एक और प्रभावी अभ्यास है। किसी चुनौतीपूर्ण बातचीत के बाद अपनी भावनाओं पर विचार करें और सोचें कि क्या अच्छा हुआ और क्या सुधार किया जा सकता था। समय के साथ, ये विचार आपको भविष्य की परिस्थितियों का अधिक जागरूकता और सहानुभूति के साथ सामना करने में मदद करते हैं।

जितना ज़्यादा आप अभ्यास करेंगे, सहानुभूति उतनी ही स्वाभाविक होती जाएगी। शारीरिक कसरत की तरह, लगातार

प्रयास करने से महत्वपूर्ण विकास होता है, और करुणा आपकी मूल शक्ति बन जाती है।

7. **डिजिटल सहानुभूतिः ठंडी स्क्रीन के माध्यम से गर्मजोशी का संदेश:**ईमेल, चैट और ट्वीट के ज़माने में, बिना आमने-सामने बातचीत के सहानुभूति व्यक्त करने के लिए कुशलता की ज़रूरत होती है। शब्दों में आपके इरादे का वज़न होना चाहिए, इसलिए लहज़ा और स्पष्टता ज़रूरी है।

किसी ग्राहक के प्रश्न का यह उत्तर सोचिए: "हम इस पर काम कर रहे हैं।" तकनीकी रूप से सही होते हुए भी, यह भाव ठंडा और उपेक्षापूर्ण लगता है। इसके बजाय, यह कहना कि, "मैं आपकी चिंता पूरी तरह समझता हूँ। मैं व्यक्तिगत रूप से इस पर नज़र रख रहा हूँ ताकि यह सुनिश्चित हो सके कि इसका शीघ्र समाधान हो," वास्तविक चिंता दर्शाता है।

इमोजी या विस्मयादिबोधक चिह्नों का अत्यधिक प्रयोग करने से बचें, क्योंकि ये ईमानदारी को कमज़ोर कर सकते हैं। इसके बजाय, सटीक और विचारशील भाषा पर ध्यान दें। डिजिटल सहानुभूति के लिए अतिरिक्त प्रयास की आवश्यकता होती है, लेकिन तेज़ी से स्वचालित होती दुनिया में मानवीय स्पर्श बनाए रखने के लिए यह बेहद ज़रूरी है।

8. **आत्म-सहानुभूतिः स्वयं के प्रति दयालु बनें ताकि आप दूसरों के प्रति दयालु हो सकें:**सहानुभूति आत्म-देखभाल से शुरू होती है। अगर आप तनावग्रस्त या थके हुए हैं, तो दूसरों के प्रति करुणा दिखाना मुश्किल होता है। खुद को परखने के लिए समय

निकालना ज़रूरी है। क्या आप बहुत ज़्यादा तनाव महसूस कर रहे हैं? खुद को तरोताज़ा करने के लिए आप क्या कदम उठा सकते हैं?

गहरी साँस लेना, छोटे-छोटे ब्रेक लेना, या किसी सहकर्मी से थोड़ी-सी बातचीत जैसी साधारण आदतें भी बहुत फर्क ला सकती हैं। आत्म-सहानुभूति स्वार्थी नहीं होती; यह प्रभावी ग्राहक सेवा की नींव है। याद रखें, आप खाली प्याले से पानी नहीं भर सकते। अपनी भलाई का ध्यान रखकर, आपके पास दूसरों की मदद करने की ऊर्जा होगी।

9. सहानुभूति संतुलन: बिना थके गहराई से देखभाल करना:जहाँ सहानुभूति ज़रूरी है, वहीं भावनात्मक जलन से खुद को बचाना भी उतना ही ज़रूरी है। सीमाएँ तय करने से यह सुनिश्चित होता है कि आप दूसरों की भावनाओं से अभिभूत हुए बिना करुणामयी सेवा प्रदान कर सकें।

उदाहरण के लिए, अगर कोई ग्राहक गुस्से में अपनी भड़ास निकाल रहा है, तो उसकी भावनाओं को स्वीकार करते हुए कहें, "मैं आपकी निराशा सुन रहा हूँ। आइए मिलकर समाधान पर ध्यान केंद्रित करें।" यह तरीका उनकी भावनाओं को मान्यता देता है और बातचीत को एक उत्पादक परिणाम की ओर ले जाता है।

याद रखें, सहानुभूति का मतलब हर किसी का तनाव अपने ऊपर लेना नहीं है। अपनी सीमाओं को पहचानकर और ज़रूरत पड़ने पर ब्रेक लेकर अपने मानसिक स्वास्थ्य को प्राथमिकता दें। गहराई से परवाह करना सहानुभूति का आधार है, लेकिन खुद की परवाह करना यह सुनिश्चित करता है कि आप इसे लंबे समय तक बनाए रख सकें।

इन दस आज्ञाओं का पालन करके, आप दूसरों के साथ सहानुभूति रखने और हर मुलाक़ात में गहरे संबंध बनाने की अपनी क्षमता में सुधार लाएँगे। सहानुभूति एक ऐसी मानसिकता है जो बाधाओं को सिर्फ़ एक साधन नहीं, बल्कि समझ और विकास के अवसरों में बदल देती है। सहानुभूति आपकी ग्राहक सेवा को बेहतर बनाएगी और आपके रिश्तों को उन तरीकों से मज़बूत करेगी जिनके बारे में आपने कभी सोचा भी नहीं होगा, चाहे वह मूड मैचिंग के ज़रिए हो, अनकही ज़रूरतों को समझने के ज़रिए हो, या डिजिटल संचार में कुशल बनने के ज़रिए हो।

सहानुभूति को अक्सर दूसरे की भावनाओं को समझने और साझा करने की क्षमता के रूप में वर्णित किया जाता है। यह कौशल ग्राहक सेवा में एक महाशक्ति बन जाता है, जो सामान्य बातचीत को सार्थक संबंधों में बदल देता है। यह अध्याय इस बात पर प्रकाश डालता है कि कैसे सहानुभूति विकसित करने से आप अपने ग्राहकों की नज़र में एक सेवा प्रदाता से एक विश्वसनीय भागीदार बन सकते हैं, साथ ही इस आवश्यक कौशल को निखारने के लिए रणनीतियाँ भी प्रस्तुत करता है।

"तो क्या?" निष्कर्ष: सहानुभूति आपकी ग्राहक सेवा की महाशक्ति क्यों है?

लेन-देन संबंधी सेवा और वास्तविक जुड़ाव में सहानुभूति का अंतर होता है। ग्राहक तब ज़्यादा संतुष्ट होते हैं जब उन्हें लगता है कि उनकी बात सुनी और समझी जा रही है, जिससे उनकी वफ़ादारी और सद्भावना बढ़ती है। PwC के एक अध्ययन के अनुसार, 73% खरीदारों का कहना है कि खरीदारी का फ़ैसला लेते समय ग्राहक

अनुभव महत्वपूर्ण होता है। सहानुभूति इस अनुभव को सीधे प्रभावित करती है, जिससे भावनात्मक जुड़ाव और विश्वास का निर्माण होता है।

एक ऐसे परिदृश्य पर विचार करें जहाँ कोई ग्राहक देरी से मिले ऑर्डर पर अपनी निराशा व्यक्त करता है। "मैं समझता हूँ कि यह कितना निराशाजनक होगा, और मैं इसे हल करने के लिए हर संभव प्रयास करूँगा," जैसा उत्तर न केवल समस्या का समाधान करता है, बल्कि ग्राहक की भावनाओं को भी महत्व देता है। यह सहानुभूतिपूर्ण दृष्टिकोण तनाव को कम करता है और एक ऐसा तालमेल बनाता है जो तात्कालिक समस्या से परे होता है।

सहानुभूति में निपुणता आपको एक सेवा प्रदाता से कहीं बढ़कर बनाती है; आप एक विश्वसनीय समर्थक बन जाते हैं। ग्राहक आपके प्रयासों को वास्तविक मानते हैं, और एक ऐसा बंधन बनाते हैं जो उन्हें दोबारा आपके पास आने और दूसरों को आपकी सेवा की सिफ़ारिश करने के लिए प्रोत्साहित करता है। सहानुभूति आपको कठिन बातचीत को भी शालीनता से संभालने और संभावित संघर्षों को जुड़ाव के अवसरों में बदलने के लिए सक्षम बनाती है।

कैम्पी कॉर्नर: अपने भीतर के सहानुभूतिशील व्यक्ति (या प्यारे क्रोधी व्यक्ति) को गले लगाना

हर किसी में स्वाभाविक सहानुभूति का स्तर एक जैसा नहीं होता, और यह ठीक भी है। चाहे आप जन्मजात सहानुभूति रखने वाले हों या खुद को चिड़चिड़ा कहने वाले, दूसरों से जुड़ने की क्षमता

विकसित की जा सकती है। यह खंड सहानुभूति के विभिन्न स्तरों और उन्हें अपनाने के साथ आने वाले हास्य का जश्न मनाता है।

उदाहरण के लिए, एक नए कर्मचारी को लीजिए जो एक नाराज़ ग्राहक को यह कहकर शांत करने की कोशिश करता है, "मैं समझता हूँ; गुस्सा होना बहुत थका देने वाला होता है।" भले ही यह बात हास्यास्पद रूप से बेतुकी हो, लेकिन सच्चा इरादा अक्सर ग्राहकों को निहत्था कर देता है, जिससे यह साबित होता है कि ईमानदारी, सही क्रियान्वयन से ज़्यादा मायने रखती है। सहानुभूति का मतलब हमेशा सही काम करना नहीं है; बल्कि यह दिखाना है कि आप परवाह करते हैं।

अपनी सहज प्रवृत्तियों का सहारा लेकर—चाहे वे करुणामय हों या हास्यपूर्ण रूप से कर्कश—आप सहानुभूति को अपना बना सकते हैं। अपनी खूबियों और विकास के क्षेत्रों पर विचार करें, और हास्य से न कतराएँ। ग्राहक प्रामाणिकता की सराहना करते हैं, और छोटे-छोटे, सच्चे प्रयास भी सद्भावना को बढ़ावा दे सकते हैं।

गूगल द्वंद्वः "हे गूगल, मैं सहानुभूति कैसे दिखाऊँ? नहीं, मैं मूड रिंग नहीं खरीदना चाहता!"

आज के डिजिटल युग में, सहानुभूति भी एल्गोरिदम पर निर्भर हो गई है। एआई-संचालित ग्राहक सेवा उपकरण पूर्व-प्रोग्राम्ड सहानुभूतिपूर्ण प्रतिक्रियाएँ प्रदान करते हैं, जैसे "मैं समझता हूँ कि आप कैसा महसूस कर रहे हैं," लेकिन वास्तविक मानवीय संपर्क को स्वचालित नहीं किया जा सकता।

कल्पना कीजिए कि आप गूगल से पूछें, "मैं सहानुभूति कैसे दिखाऊँ?" जवाब में आँखों से संपर्क बनाए रखने या भावनाओं को मान्य करने जैसे सुझाव शामिल हो सकते हैं। मददगार होते हुए भी, इन जवाबों में वास्तविक मानवीय समझ की सूक्ष्मता का अभाव होता है। सच्ची सहानुभूति अंतर्ज्ञान और हर परिस्थिति के अनुकूल ढलने की क्षमता से आती है।

एक काल्पनिक एआई इंटरैक्शन पर विचार करें जहाँ एक चैटबॉट एक निराश ग्राहक को जवाब देता है, "मैं देख रहा हूँ कि आप परेशान हैं। क्या आप चाहेंगे कि मैं आपको कोई उत्पाद सुझाऊँ?" हालाँकि यह जवाब भावना को स्वीकार करता है, लेकिन अंतर्निहित ज़रूरत को संबोधित करने में विफल रहता है। यह इस बात पर प्रकाश डालता है कि सहानुभूति के लिए मानवीय भागीदारी क्यों आवश्यक है: सुनना, अनुकूलन करना और सार्थक प्रतिक्रिया देना।

एआई को रोज़मर्रा के काम करने दें, लेकिन स्थायी रिश्ते बनाने में मानवीय सहानुभूति को आगे बढ़ने दें। जैसे-जैसे आप अपने कौशल को निखारते हैं, याद रखें कि सच्चा जुड़ाव बनाने की आपकी क्षमता हमेशा करुणा के एल्गोरिदमिक प्रयासों से बेहतर रहेगी।

शांतिपूर्ण मुठभेड़ों को बढ़ावा देना

सहानुभूति, विशेष रूप से उच्च-तनावपूर्ण परिस्थितियों में, सामंजस्यपूर्ण बातचीत बनाने का आधार है। निराश ग्राहकों के साथ व्यवहार करते समय, ध्यानपूर्वक सुनने और विचारशील

प्रतिक्रियाओं का प्रयोग तनाव को कम कर सकता है और समाधान का मार्ग प्रशस्त कर सकता है।

शांतिपूर्ण मुठभेड़ों के लिए रणनीतियाँ

1. **स्फूर्ति से ध्यान देना**:शब्दों और भावनाओं, दोनों पर ध्यान दें। सिर हिलाकर या "मैं आपकी बात सुन रहा हूँ" जैसे मौखिक आश्वासन देकर, आप ग्राहकों को दिखा सकते हैं कि आप उन पर पूरा ध्यान दे रहे हैं।
2. **प्रतिक्रिया देने से पहले रुकें**:जवाब देने से पहले उनकी चिंताओं पर विचार करने के लिए कुछ समय निकालें। इससे रक्षात्मक प्रतिक्रियाएँ नहीं होंगी और विचारशीलता का परिचय मिलेगा।
3. **भावनाओं को प्रतिबिंबित करें**:उनके अनुभव को मान्य करने के लिए उनकी भावनाओं को व्यक्त करें। उदाहरण के लिए, "लगता है इस देरी से काफ़ी असुविधा हुई है। आइए देखें कि हम सब मिलकर इसे कैसे ठीक कर सकते हैं।"
4. **सकारात्मक भाषा का प्रयोग करें**:सकारात्मक रूप से समाधान तैयार करें। यह कहने के बजाय कि, “मैं यह नहीं कर सकता,” कहें, “मैं आपकी मदद के लिए यह कर सकता हूँ।”

ये रणनीतियाँ तात्कालिक समस्याओं का समाधान करती हैं तथा ग्राहकों पर व्यावसायिकता और देखभाल की स्थायी छाप छोड़ती हैं।

सहानुभूति में इरादे की भूमिका

सहानुभूति इरादे से शुरू होती है। आपकी मानसिकता ही तय करती है कि आप हर बातचीत को कैसे देखते हैं। क्या आप ज़िम्मेदारी से जवाब दे रहे हैं, या आप सचमुच समझना और मदद करना चाहते हैं? ग्राहक इस अंतर को समझ सकते हैं।

जब आपका इरादा देखभाल में निहित होता है, तो आपके कार्य भी स्वाभाविक रूप से उसी के अनुरूप होते हैं। सहानुभूति का मतलब लिखित प्रतिक्रियाओं से कम, बल्कि आपके शब्दों, लहजे और शारीरिक भाषा को आपकी मदद करने की इच्छा के अनुरूप ढालना होता है। उदाहरण के लिए, अगर कोई ग्राहक निराशा व्यक्त करता है, तो "मैं आपके लिए इसे ठीक करना चाहता हूँ" जैसी जानबूझकर की गई प्रतिक्रिया समस्या को संबोधित करने से कहीं अधिक होती है; यह उन्हें आश्वस्त करती है कि उनकी चिंताएँ मायने रखती हैं।

इरादा निरंतरता को भी बढ़ावा देता है। जब सहानुभूति आपकी मानसिकता का हिस्सा बन जाती है, तो यह हर बातचीत में प्रामाणिकता भर देती है, जिससे एक ऐसा प्रभाव पैदा होता है जो आपकी समग्र सेवा गुणवत्ता को बढ़ाता है।

सहानुभूति एक महाशक्ति के रूप में: मुख्य बातें

1. **सहानुभूति से विश्वास का निर्माण होता है:**ग्राहक मूल्यवान और समझे जाने का अनुभव करते हैं, जिससे वफादारी और सकारात्मक अनुशंसाएं बढ़ती हैं।
2. **प्राकृतिक प्रवृत्तियाँ अलग-अलग होती हैं, लेकिन हर कोई सुधार कर सकता है:**अपने शुरुआती बिंदु का जश्न मनाएं और अभ्यास के माध्यम से विकास को अपनाएं।

3. **मानव कनेक्शन > स्वचालन**:एआई वास्तविक समझ की बारीकियों को दोहरा नहीं सकता।
4. **इरादा कार्रवाई को आकार देता है**:हर बातचीत में मदद करने की सच्ची इच्छा रखें।
5. **सहानुभूति संघर्षों को बदल देती है**:कठिन परिस्थितियां रिश्तों को मजबूत करने का अवसर बन जाती हैं।

सहानुभूति एक कौशल से कहीं बढ़कर है; यह एक मानसिकता है जो ग्राहक सेवा के प्रति आपके दृष्टिकोण को पुनर्परिभाषित करती है। इस महाशक्ति को अपनाकर, आप अपने पेशेवर प्रभाव को बढ़ाते हैं और हर बातचीत में मानवता और जुड़ाव लाते हैं।

अध्याय 9: विश्वसनीयता - ग्राहक सेवा की मानवीय स्विस घड़ी बनना

Outcome – Purpose

Story – Purpose

Segment – Vocation

Trait – Potential

Test – Cautionary

विश्वसनीयता उत्कृष्ट ग्राहक सेवा की नींव है। आकर्षक आविष्कारों और निरंतर विकसित होते फैशन की दुनिया में, विश्वसनीयता, प्रतिभा से ज़्यादा महत्वपूर्ण है। उपभोक्ता असंगति बर्दाश्त नहीं करेंगे, लेकिन कभी-कभार होने वाली चूक को नज़रअंदाज़ कर देंगे। जब लोगों को आपकी प्रतिबद्धताओं को पूरा करने की आपकी क्षमता पर भरोसा होता है, तो वे आपको ही अपना सबसे विश्वसनीय समाधान मानते हैं। इस विश्वास को हासिल करने में समय लगता है और इसके लिए एक ऐसा निरंतर व्यवहार ज़रूरी है जो हर परिस्थिति में आपकी विश्वसनीयता को प्रदर्शित करे।

फिर भी, विश्वसनीयता सबसे ज़्यादा तब मायने रखती है जब चीज़ें बिगड़ जाती हैं। जब सब कुछ सुचारू रूप से चल रहा हो, तो भरोसेमंद दिखना आसान होता है। असली परीक्षा संकट के समय होती है—जब दांव ऊँचा होता है, तनाव बढ़ रहा होता है, और हर

पल मायने रखता है। मैंने यह बात उस कठिन दौर में सीखी जिसे मैं अब 2023 की महान डिलीवरी आपदा कहता हूँ।

इसकी शुरुआत एक बड़े उत्पाद के लॉन्च से हुई—एर्गोनॉमिक ऑफिस कुर्सियों की एक पूरी नई श्रृंखला, जो घर से काम करने के तरीके को हमेशा के लिए बदल देगी। इस परियोजना के ग्राहक सेवा प्रमुख के रूप में, मैंने इस पल के लिए खुद को महीनों तक तैयार किया था। इसकी हर छोटी से छोटी बात से लेकर डिलीवरी लॉजिस्टिक्स तक की योजना बनाई गई थी। कम से कम मुझे तो यही लगा था।

लॉन्च के दिन, सब कुछ एकदम सही लग रहा था—तब तक जब तक शिकायतों की पहली लहर नहीं आ गई। जिन ग्राहकों ने अगले दिन डिलीवरी के लिए अतिरिक्त भुगतान किया था, वे देरी की शिकायत कर रहे थे। कुछ को पुष्टिकरण ईमेल नहीं मिल रहे थे, जबकि कुछ को गलत सामान मिल गया था। चारों तरफ अफरा-तफरी मच गई। हर ईमेल और कॉल एक टाइम बम की तरह लग रहा था, जो हमारे ब्रांड की प्रतिष्ठा और मेरी विश्वसनीयता को खतरे में डाल रहा था।

पहले तो घबराहट हुई। इतनी तैयारी के बाद भी ऐसा कैसे हो सकता है? लेकिन इसकी वजह पर सोचने का समय नहीं था। मेरा ध्यान इस पर केंद्रित होना था। *कैसे* हम इसे ठीक कर सकते हैं। यह मेरे लिए ग्राहकों और अपनी टीम को यह दिखाने का भरोसेमंद पल था कि मैं तूफ़ान में भी स्थिर हाथ बन सकता हूँ।

पहला कदम पारदर्शिता का था। मैंने अपनी टीम को इकट्ठा किया और उन्हें बताया कि हमें ग्राहकों के साथ खुलकर बात करनी

होगी। हमने तुरंत एक भावुक ईमेल तैयार किया जिसमें समस्या की जानकारी दी गई और समाधान मिलते ही अपडेट देने का वादा किया गया। साथ ही, मैंने लॉजिस्टिक्स टीम के साथ मिलकर मूल कारण का पता लगाया। पता चला कि गोदाम में सर्वर की खराबी के कारण ऑर्डर प्रोसेसिंग में रुकावट आई थी—एक छोटी सी गड़बड़ी जिसके बड़े परिणाम हो सकते हैं।

इसके बाद, हमने ज़रूरी मामलों को प्राथमिकता दी, शुरुआत उन ग्राहकों से की जिन्होंने शीघ्र शिपिंग के लिए भुगतान किया था। मेरी टीम चौबीसों घंटे काम करती रही, ग्राहकों से व्यक्तिगत रूप से संपर्क करके उन्हें अपडेट देती रही और मुफ़्त शिपिंग या डिस्काउंट कोड जैसे मुआवज़े की पेशकश करती रही। हमने बड़ी गलतियों, जैसे कि गलत सामान की डिलीवरी, के लिए बिना किसी अतिरिक्त लागत के तुरंत प्रतिस्थापन की व्यवस्था की।

यह आसान नहीं था। हफ़्ते के अंत तक, मैं और मेरी टीम पूरी तरह थक चुके थे, लेकिन नतीजे बेमिसाल थे। ग्राहकों की शिकायतें कृतज्ञता में बदल गईं। कई लोगों ने हमारी पारदर्शिता और त्वरित कार्रवाई की तारीफ़ की। एक ने तो यहाँ तक लिखा, "गलतियाँ हो जाती हैं, लेकिन आपने इसे जिस तरह से संभाला, उससे पता चलता है कि मैं बार-बार क्यों आऊँगा।"

पीछे मुड़कर देखें तो, 2023 की महावितरण आपदा सिर्फ़ एक संकट नहीं थी, बल्कि विश्वसनीयता की शक्ति का एक सबक थी। इसने मुझे याद दिलाया कि विश्वसनीयता का मतलब परिपूर्ण होना नहीं है; बल्कि यह है कि आप तुरंत उपस्थित हों, शांत रहें और जब सबसे ज़्यादा ज़रूरत हो, तब समाधान प्रदान करें। ग्राहक उस

कंपनी को महत्व देते हैं जो स्विस घड़ी की तरह काम करती है: सटीक, भरोसेमंद, और चीज़ें बिगड़ने पर भी टिक-टिक करते रहने के लिए तैयार।

विश्वसनीयता के दस आदेश (जब अस्थिरता कोई विकल्प न हो)

विश्वसनीयता विश्वास की नींव रखती है—चाहे व्यक्तिगत हो या व्यावसायिक संबंध। भरोसेमंद होना सिर्फ़ काम करने तक सीमित नहीं है; यह एक ऐसे व्यक्ति की प्रतिष्ठा बन जाती है जिस पर सबसे बुरे समय में भी भरोसा किया जा सकता है। ये दस आज्ञाएँ आपको भरोसेमंदता का आदर्श बनाएँगी, और आपको किसी भी परिस्थिति में ज़्यादा विश्वसनीय बनाने के लिए व्यावहारिक रणनीतियाँ प्रदान करेंगी।

1. वादा निभाने वाला: यथार्थवादी प्रतिबद्धताओं की कला में निपुणता:विश्वसनीय होने की शुरुआत आपके वादों से होती है। हालाँकि, प्रभावित करने के लिए ज़रूरत से ज़्यादा वादे करना आकर्षक लग सकता है; ऐसा करने से अक्सर कम वादे पूरे होते हैं, जिससे विश्वसनीयता को ठेस पहुँचती है। उचित लक्ष्य निर्धारित करना और फिर उन्हें पार करना ही कुंजी है।

उदाहरण के लिए, अगर आपको लगता है कि किसी प्रोजेक्ट में तीन दिन लगेंगे, तो बफर प्लान को ध्यान में रखें और पाँच दिनों के भीतर डिलीवरी की गारंटी दें। अगर आप इसे समय से पहले पूरा कर लेते हैं, तो आप बिना किसी अनावश्यक तनाव के उम्मीदों से बढ़कर काम कर सकते हैं। पारदर्शिता ज़रूरी है; सुनिश्चित करें कि

आपके वादे पूरे हों और अपनी समय-सीमा स्पष्ट रूप से बताएँ, और किसी भी संभावित बाधा का ध्यान रखें। कम वादा करके ज़्यादा काम पूरा करने का मतलब यह नहीं कि आप विनम्र रहें; बल्कि रणनीतिक रूप से विश्वसनीय होने का मतलब है।

2. पंक्चुअलिटी निंजा: टाइम टर्नर के बिना समय पर नियंत्रण :समय का पाबंद होना विश्वसनीयता दिखाने का सबसे आसान और सबसे प्रभावी तरीका है। समय की पाबंदी दूसरों के समय के प्रति सम्मान दर्शाती है और आपकी विश्वसनीयता में विश्वास जगाती है।

समय की पाबंदी में महारत हासिल करने के लिए, अपने कामों के बीच अंतराल निर्धारित करें और सबसे ज़रूरी समय-सीमाओं को पहले पूरा करने पर ध्यान केंद्रित करें। अगर कोई मीटिंग सुबह 10 बजे निर्धारित है, तो सुबह 9:50 बजे पहुँचने या लॉग इन करने का लक्ष्य रखें। यह समय एक बेवजह की देरी के साथ-साथ आपकी प्रतिबद्धता को भी दर्शाता है। जब आपको पता चले कि आप गलती से जल्दी पहुँच गए हैं, तो आप असुविधा से बचने और लाभ प्राप्त करने के लिए तैयारी कर सकते हैं, विचार कर सकते हैं या अन्य काम निपटा सकते हैं।

3. निरंतरता का राजा/रानी: हर दिन अपना सर्वश्रेष्ठ प्रदर्शन करना :विश्वसनीयता निरंतरता पर आधारित होती है। ग्राहक, सहकर्मी और नियोक्ता उन लोगों को महत्व देते हैं जो बार-बार उच्च-गुणवत्ता वाले परिणाम दे सकते हैं, न कि कभी-कभार। उन दिनों में भी जब आप अच्छा महसूस नहीं कर रहे हों, व्यावसायिकता का आधार बनाए रखना ज़रूरी है।

ऐसी दिनचर्याएँ बनाकर शुरुआत करें जो यह सुनिश्चित करें कि आप कार्यों को व्यवस्थित रूप से करें। उदाहरण के लिए, दैनिक लक्ष्य निर्धारित करें और अपनी प्रगति पर नज़र रखें। जब ऊर्जा का स्तर गिर जाए, तो अपनी आदतों पर भरोसा करें। निरंतरता का मतलब पूर्णता नहीं है; इसका मतलब है कि परिस्थितियाँ कैसी भी हों, उपस्थित रहना और अपना सर्वश्रेष्ठ प्रयास करना।

4. फॉलो-थ्रू फैनैटिक: लूप्स को बंद करना और ढीले सिरों को बांधना:विश्वसनीयता अक्सर अनुवर्ती चरण में कमज़ोर पड़ जाती है, जहाँ बारीकियाँ छूट सकती हैं। किसी चीज़ को अंत तक पूरा करने वाला व्यक्ति होना, भरोसेमंद होने की पहचान है।

अपनी प्रतिबद्धताओं की दोबारा जाँच करने की आदत डालें। क्या आपने वादा किया हुआ ईमेल भेजा? क्या आपने ग्राहक की पूछताछ का जवाब दिया? अपने कामों पर नज़र रखने और फ़ॉलो-अप रिमाइंडर सेट करने के लिए टास्क मैनेजमेंट टूल्स का इस्तेमाल करें। छोटे-छोटे फ़ॉलो-थ्रू कार्य, जैसे किसी क्लाइंट को प्रगति के बारे में अपडेट करना या कार्य पूरा होने की पुष्टि करना, आपकी विश्वसनीयता को मज़बूत करते हैं और रिश्तों को मज़बूत बनाते हैं।

5. जवाबदेही का इक्का: खेत के मालिक हुए बिना अपनी गलतियों को स्वीकार करना:कोई भी व्यक्ति पूर्ण नहीं होता, और गलतियाँ होना लाज़मी है। हालाँकि, आप उनसे कैसे निपटते हैं, यह आपकी विश्वसनीयता निर्धारित करता है। विनम्रता के साथ गलतियों को स्वीकार करना और चीजों को सही करने की प्रतिबद्धता, ईमानदारी का परिचय देती है और विश्वास का निर्माण करती है।

एक विश्वसनीय माफ़ीनामा गलती स्वीकार करता है, ज़िम्मेदारी लेता है, और सुधारात्मक उपायों की रूपरेखा तैयार करता है। उदाहरण के लिए, अगर किसी सहकर्मी को समय-सीमा चूकने से असुविधा होती है, तो कहें, "देरी के लिए मैं क्षमा चाहता हूँ। मैंने समय-सीमा का सही अनुमान नहीं लगाया था, और मैं अपनी गलती की पूरी ज़िम्मेदारी लेता हूँ। मैं यह सुनिश्चित करूँगा कि यह दोबारा न हो।" जवाबदेही का मतलब खुद को दोष देना नहीं है; इसका मतलब है यह दिखाना कि आप समस्याओं का सक्रिय रूप से समाधान करने के लिए पर्याप्त परवाह करते हैं।

6. अपेक्षा इंजीनियर: यथार्थवादी मानकों की स्थापना और प्रबंधन:विश्वसनीयता अक्सर अपेक्षाओं को निर्धारित करने और उन्हें प्रबंधित करने पर निर्भर करती है। ज़रूरत से ज़्यादा वादे करने से शुरुआत में तो अच्छा प्रदर्शन मिल सकता है, लेकिन अगर नतीजे कम पड़ें तो निराशा हो सकती है। लक्ष्य यह है कि अपनी सीमाओं को ईमानदारी से बताया जाए और साथ ही आत्मविश्वास भी जगाया जाए।

उदाहरण के लिए, ग्राहकों के साथ व्यवहार करते समय, प्रक्रियाओं को स्पष्ट रूप से समझाएँ: "इस कार्य में आमतौर पर दो हफ़्ते लगते हैं, लेकिन अगर हम इसे तेज़ कर सकते हैं तो मैं आपको सूचित करता रहूँगा।" पारदर्शिता विश्वास को बढ़ावा देती है और रास्ते में समायोजन की अनुमति देती है। अपेक्षाओं को प्रबंधित करना यथार्थवादी होने और आशावादी बने रहने का एक नाजुक संतुलन है।

7. बैकअप प्लान गुरु: प्रलय की तैयारी किए बिना आपदा की तैयारी:विश्वसनीयता का मतलब समस्याओं से बचना नहीं है— बल्कि उनके लिए तैयार रहना है। आकस्मिक योजना यह सुनिश्चित करती है कि आप अपनी प्रतिबद्धताओं से समझौता किए बिना अप्रत्याशित चुनौतियों का सामना कर सकें।

उदाहरण के लिए, अगर सिस्टम में कोई खराबी समय-सीमाओं को खतरे में डाल रही है, तो ऑफ़लाइन संसाधन या वैकल्पिक वर्कफ़्लो जैसे बैकअप समाधान होने से प्रगति जारी रहती है। बैकअप योजनाओं का मतलब विफलता की आशंका नहीं, बल्कि संभावनाओं के लिए तैयारी करना है। सक्रिय रहकर, आप तनाव कम करते हैं और किसी भी चीज़ को संभालने की अपनी क्षमता प्रदर्शित करते हैं।

8. द बाउंड्री बॉस: दीवारें बनाए बिना सीमाएं तय करना:विश्वसनीय होने का मतलब हर बात पर "हाँ" कहना नहीं है। ज़रूरत से ज़्यादा प्रतिबद्धता आपकी प्रभावी ढंग से काम करने की क्षमता को कमज़ोर कर सकती है। सीमाएँ तय करने से यह सुनिश्चित होता है कि आप सबसे ज़रूरी चीज़ों पर ध्यान केंद्रित कर सकें और साथ ही अपनी भरोसेमंद प्रतिष्ठा भी बनाए रख सकें।

उदाहरण के लिए, अगर कोई आपकी क्षमता से ज़्यादा मदद माँगता है, तो जवाब दें, "मैं मदद करना चाहूँगा, लेकिन इस हफ़्ते मेरी सीमा पूरी हो गई है। क्या हम अगले हफ़्ते इस पर फिर से विचार कर सकते हैं?" यह तरीका उनकी ज़रूरतों को नज़रअंदाज़ किए बिना आपके बैंडविड्थ की सुरक्षा करता है। सीमाएँ आपको प्राथमिकता देने और मात्रा के बजाय गुणवत्ता प्रदान करने की

अनुमति देती हैं, जिससे लंबे समय में आपकी विश्वसनीयता बढ़ती है।

9. विश्वसनीयता रेडिएटरः एक ऐसी प्रतिष्ठा का निर्माण जो आपसे पहले हो:विश्वसनीयता का एक मज़बूत व्यक्तिगत ब्रांड आपको अपने क्षेत्र में एक विशेषज्ञ के रूप में स्थापित करता है। इस प्रतिष्ठा को विकसित होने में समय लगता है; यह अपनी विश्वसनीयता को लगातार साबित करने का परिणाम है। छोटे-मोटे वादे पूरे करने से शुरुआत करें, जैसे ईमेल का तुरंत जवाब देना या समय सीमा से पहले काम पूरा करना।

इस तरह के छोटे-छोटे काम समय के साथ आपकी विश्वसनीयता की प्रतिष्ठा को बढ़ाते हैं। आपका नाम अंततः विश्वसनीयता का पर्याय बन जाएगा, जिससे सहयोग और अवसरों के नए रास्ते खुलेंगे।

10. निरंतर सुधारकः बदलती दुनिया में विश्वसनीय बने रहना:विश्वसनीयता कोई निश्चित गुण नहीं है; यह परिस्थिति के साथ बदलती रहती है। बदलती समस्याओं के साथ अनुकूलनशीलता और साथ ही विश्वसनीयता बनाए रखना सुनिश्चित करता है कि आप प्रासंगिक और प्रभावी बने रहें।

उदाहरण के लिए, अगर कोई नई तकनीक आपकी टीम के काम करने के तरीके में बदलाव लाती है, तो उसे सीखने और अपने वर्कफ़्लो में शामिल करने का बीड़ा उठाएँ। यह दिखाना कि आप बदलाव को अपनाते हैं, यह दर्शाता है कि आप यथास्थिति बनाए रखने के बजाय सुधार के लिए प्रतिबद्ध हैं। अनुकूलनशील रहकर, आप साबित करते हैं कि आपकी विश्वसनीयता मज़बूत और भविष्य के लिए मज़बूत है।

"तो क्या?" निष्कर्ष: विश्वसनीयता ही आपकी सफलता का स्वर्णिम टिकट क्यों है?

विश्वसनीयता सिर्फ़ एक गुण से कहीं बढ़कर है; यह एक ऐसी महाशक्ति है जो आपके करियर को बदल सकती है, व्यक्तिगत संबंधों को बेहतर बना सकती है और आपको संतुष्टि का गहरा एहसास दिला सकती है। आज की तेज़ी से बदलती दुनिया में, जहाँ स्वचालन और कृत्रिम बुद्धिमत्ता (AI) कई पारंपरिक भूमिकाओं की जगह लेने की धमकी दे रहे हैं, विश्वसनीय होना आपकी अप्रतिष्ठा का स्वर्णिम टिकट है। यहाँ बताया गया है कि विश्वसनीयता में महारत हासिल करना सिर्फ़ एक पेशेवर बढ़त नहीं है—यह एक ऐसा जीवन कौशल है जो आपको दूसरों से अलग करता है।

विश्वसनीयता और करियर उन्नति

विश्वसनीय कर्मचारी अक्सर कार्यस्थल के नायक होते हैं। हो सकता है कि वे हमेशा ज़्यादा शोर न मचाएँ, लेकिन वे लगातार ऐसे परिणाम देते हैं जिन पर दूसरे भरोसा कर सकते हैं। नियोक्ता इस विश्वसनीयता को बहुत महत्व देते हैं क्योंकि यह अनिश्चितता को कम करती है, जोखिम को कम करती है और सुचारू संचालन सुनिश्चित करती है।

मान लीजिए आप एक प्रबंधक हैं और एक महत्वपूर्ण समय सीमा का सामना कर रहे हैं। क्या आप यह काम किसी दिखावटी स्टार कलाकार को सौंपेंगे जो कभी-कभी समय सीमा से चूक जाता है या किसी स्थिर, विश्वसनीय कर्मचारी को जो हमेशा समय सीमा से पहले काम पूरा कर लेता है? ज़्यादातर मामलों में, विश्वसनीयता दिखावे से

बेहतर होती है क्योंकि यही भरोसे का आधार होती है। समय के साथ, विश्वसनीय लोग समस्या-समाधानकर्ता और ऐसे विशेषज्ञ के रूप में अपनी प्रतिष्ठा बनाते हैं जो पदोन्नति और नेतृत्व की भूमिकाओं के रास्ते बनाते हैं।

विश्वसनीयता ग्राहक विश्वास का निर्माण करती है

व्यवसायों के लिए, विश्वसनीयता अक्सर ग्राहक वफ़ादारी का पर्याय बन जाती है। चाहे समय पर शिपिंग हो, नियमित सेवा प्रदान करना हो, या किसी समस्या का तुरंत समाधान करना हो, ग्राहक ब्रांड और लोगों पर ही भरोसा करते हैं। विश्वसनीय कर्मचारी संगठन की ऐसी प्रतिष्ठा बनाते हैं, क्योंकि वे हर बातचीत में विश्वसनीयता लाते हैं।

उदाहरण के लिए, जब एक भरोसेमंद ग्राहक सेवा प्रतिनिधि किसी ग्राहक को यह आश्वासन देता है कि उनकी समस्या का समाधान किया जाएगा और उस पर अमल किया जाएगा, तो इससे कंपनी में ग्राहक का विश्वास मज़बूत होता है। यह विश्वास अंततः बार-बार आने वाले व्यवसाय और सकारात्मक प्रचार में बदल जाता है, जो प्रतिस्पर्धी बाज़ारों में बेहद मूल्यवान है।

विश्वसनीयता व्यक्तिगत संतुष्टि लाती है

विश्वसनीय होने में एक अंतर्निहित संतुष्टि होती है। जितना ज़्यादा आप अपनी प्रतिबद्धताओं को पूरा करते हैं और अपेक्षाओं से बढ़कर प्रदर्शन करते हैं, उतना ही आप अपने और अपने उद्देश्य के बारे में अच्छा महसूस करते हैं। ऐसा व्यक्ति होना अच्छा लगता है जिस पर

दूसरे भरोसा कर सकें, चाहे वह कार्यस्थल पर हो या दोस्तों और परिवार के बीच।

विश्वसनीयता व्यक्तिगत तनाव को कम करती है। आप जानते हैं कि आपने विश्वसनीयता के लिए एक नाम कमाया है, इसलिए आपको अनिश्चित परिस्थितियों के बारे में ज़्यादा चिंता करने की ज़रूरत नहीं है। यह गलतियाँ करने के बारे में नहीं है, बल्कि उपस्थित होने, अपना सर्वश्रेष्ठ प्रदर्शन करने और उनसे सीखने के बारे में है। यह रवैया लचीलापन और दीर्घकालिक व्यक्तिगत विकास को जन्म देता है।

कैम्पी कॉर्नर: अपने भीतर के टाइमेक्स को अपनाना (यह एक चाट लेता है और टिकता रहता है)

विश्वसनीयता कई रूपों में आती है, एक सावधानीपूर्वक योजना बनाने वाले से लेकर आखिरी मिनट में चमत्कार करने वाले तक। विश्वसनीयता की खूबसूरती यह है कि कोई एक तरीका सबके लिए उपयुक्त नहीं होता—ज़रूरी है अपनी अनूठी शैली ढूँढ़ना और उस पर अमल करना।

विश्वसनीयता शैलियाँ: निर्भरता का स्पेक्ट्रम

1. टाइमेक्स हीरो:आप एक ऐसे इंसान हैं जो मशहूर टाइमेक्स घड़ी की तरह, "धक्के सहते हुए भी चलते रहते हैं।" ज़िंदगी आपके सामने कई उतार-चढ़ाव लाती है, लेकिन आप अडिग रहते हैं। आपका लचीलापन आपकी पहचान बन जाता है, और लोग हर चुनौती का सामना करने की आपकी क्षमता की तारीफ़ करते हैं।

2. द साइलेंट रॉक:हो सकता है कि आप कमरे में सबसे ज़्यादा शोर मचाने वाले न हों, लेकिन आप ही वो नींव हैं जिस पर दूसरे टिके रहते हैं। आपकी शांत और स्थिर प्रकृति यह सुनिश्चित करती है कि काम बिना किसी झंझट के हो जाएँ। शुरुआत में लोग आपको नज़रअंदाज़ कर सकते हैं, लेकिन जल्द ही उन्हें एहसास हो जाएगा कि आप ज़रूरी हैं।

3. चमकदार फीनिक्स:आप कभी-कभार लड़खड़ा सकते हैं, लेकिन अपनी गलतियों से शानदार ढंग से उबरते हैं। आपकी विश्वसनीयता इस बात में सबसे ज़्यादा झलकती है कि आप असफलताओं से कैसे उबरते हैं, यह साबित करता है कि भरोसेमंद होने का मतलब कभी असफल न होना नहीं है—बल्कि हमेशा सही रास्ते पर वापस आना है।

वास्तविक जीवन के उदाहरण: विश्वसनीयता खत्म हो गई (लेकिन सुधार से बच गई)

पिज्जा डिलीवरी दुर्घटना

एक बार एक पिज़्ज़ा डिलीवरी ड्राइवर ने एक ग्राहक के ड्राइववे में पूरा ऑर्डर गिरा दिया। घबराने के बजाय, उन्होंने तुरंत स्टोर से संपर्क किया, नया ऑर्डर लिया और दिल से माफ़ी मांगते हुए मुफ़्त में डिलीवरी कर दी। ग्राहक ने गलती माफ़ कर दी और चीज़ों को ठीक करने की कोशिश की वजह से एक वफादार ग्राहक बन गया।

कॉर्पोरेट प्रस्तुति विफलता

एक सेल्स एग्ज़ीक्यूटिव एक क्लाइंट मीटिंग में बिना सही प्रेज़ेंटेशन स्लाइड्स के पहुँच गया। तुरंत सोचते हुए, उसने मुख्य बिंदुओं को व्हाइटबोर्ड पर स्केच किया और इतने आकर्षक ढंग से पिच प्रस्तुत की कि क्लाइंट ने तुरंत ही डील साइन कर दी। यह घटना एक किस्सा बन गई, जिसने दिखाया कि कैसे त्वरित सोच एक आपदा को भी जीत में बदल सकती है।

ये उदाहरण एक महत्वपूर्ण सच्चाई को उजागर करते हैं: विश्वसनीयता का मतलब पूर्णता नहीं है। इसका मतलब है खामियों से निपटना और उन्हें अपनी विश्वसनीयता साबित करने के अवसरों में बदलना।

गूगल द्वंद्व: "हे गूगल, मैं और ज़्यादा विश्वसनीय कैसे बन सकता हूँ? नहीं, मैं रोबोट असिस्टेंट नहीं खरीदना चाहता!"

तकनीक के प्रभुत्व वाले इस युग में, विश्वसनीयता सहित हर चीज़ के लिए डिजिटल उपकरणों पर निर्भर रहना आकर्षक लगता है। हालाँकि स्वचालन प्रक्रियाओं को सुव्यवस्थित करने में मदद कर सकता है, लेकिन सच्ची विश्वसनीयता के लिए मानवीय स्पर्श की आवश्यकता होती है—जिसे कोई भी एल्गोरिथम दोहरा नहीं सकता।

एआई-संचालित विश्वसनीयता की सीमाएँ

गूगल और एलेक्सा जैसे एआई असिस्टेंट रिमाइंडर शेड्यूल कर सकते हैं, ईमेल भेज सकते हैं और वर्कफ़्लोज़ को मैनेज करने में भी

मदद कर सकते हैं। लेकिन उनमें मानवीय विश्वसनीयता जैसी बारीकियाँ और अनुकूलनशीलता का अभाव होता है। एक मशीन आपको समय सीमा की याद तो दिला सकती है, लेकिन उस वादे को पूरा करने की पारस्परिक गतिशीलता का हिसाब नहीं दे सकती।

उदाहरण के लिए, कल्पना कीजिए कि कोई ग्राहक शिपमेंट में देरी के कारण परेशान है। एक एआई माफ़ी मांगने वाला ईमेल भेज सकता है, लेकिन केवल एक इंसान ही भावनात्मक संदर्भ का आकलन कर सकता है, एक अनुकूलित समाधान सुझा सकता है और विश्वास बहाल कर सकता है। विश्वसनीयता भावनात्मक बुद्धिमत्ता से उतनी ही जुड़ी है जितनी कि कार्य पूरा होने से।

मानवीय विश्वसनीयता एल्गोरिदम पर भारी क्यों पड़ती है?

1. **अनुकूलनशीलता:**मनुष्य अप्रत्याशित परिस्थितियों के अनुसार खुद को ढाल सकते हैं। एक विश्वसनीय व्यक्ति किसी सिस्टम के क्रैश होने पर रचनात्मक समाधान खोज लेगा, जबकि एक एल्गोरिथम आसानी से विफल हो सकता है।
2. **समानुभूति :**विश्वसनीयता में अक्सर दूसरों की ज़रूरतों को समझना और उनका समाधान करना शामिल होता है। मशीनें डेटा प्रोसेस तो कर सकती हैं, लेकिन सच्ची सहानुभूति नहीं दे सकतीं, जो विश्वास और तालमेल बनाने के लिए बेहद ज़रूरी है।
3. **अंतर्ज्ञान:** कभी-कभी, विश्वसनीय होने का मतलब होता है ज़रूरतों को उनके स्पष्ट रूप से बताए जाने से पहले ही भाँप लेना। इंसान बातों के बीच की बात समझने और

सुचारू परिणाम सुनिश्चित करने के लिए पहले से ही कदम उठाने में माहिर होते हैं।

डिजिटल निर्भरता का हास्य

बेशक, तकनीक में अनजाने में मज़ाक के पल भी आते हैं। सोचिए, मीटिंग शेड्यूल करने के लिए आप किसी AI असिस्टेंट पर निर्भर हों:

सहायक:"जॉन के साथ आपकी मीटिंग कल सुबह 8 बजे निर्धारित है।"

आप:"बहुत बढ़िया। यह किस बारे में है?"

सहायक:"मुझे नहीं पता। लेकिन मैं इसे समझने के लिए एक और रिमाइंडर सेट कर सकता हूँ।"

हालाँकि तकनीक एक उपयोगी उपकरण है, लेकिन यह मानवीय विश्वसनीयता का विकल्प नहीं है। बल्कि, यह एक ऐसी प्रशंसा है जो अनुकूलन, सहानुभूति और परिणाम देने की आपकी क्षमता को बढ़ाती है, लेकिन उसकी जगह नहीं लेती।

विश्वसनीयता का सारांश

स्वचालन से बढ़ती दुनिया में विश्वसनीयता एक विशिष्ट मानवीय लाभ बनी हुई है। यह विश्वास की नींव है, करियर विकास की कुंजी है, और व्यक्तिगत संतुष्टि का आधार है। विश्वसनीयता में महारत हासिल करके, आप सिर्फ़ एक कर्मचारी या दोस्त से बढ़कर बन जाते हैं—आप अपरिहार्य बन जाते हैं।

अपनी विश्वसनीयता की अनूठी शैली को अपनाएँ, गलतियों से सीखें, और AI जैसे उपकरणों को बैसाखी की बजाय सहयोगी बनाएँ। याद रखें, विश्वसनीयता का मतलब पूर्ण होना नहीं है—यह लगातार उपस्थित रहने, अपना सर्वश्रेष्ठ प्रदर्शन करने और यह साबित करने के बारे में है कि आप एक ऐसे व्यक्ति हैं जिन पर हर हाल में भरोसा किया जा सकता है।

अध्याय 10: आगंतुक प्रबंधन - रेड कार्पेट बिछाना (कम बजट पर)

Outcome – Self Regard
Story – People
Segment – Familial
Trait – Nature
Test – Hallmarks

एक असाधारण आगंतुक अनुभव का मतलब है कि लोगों को महत्व दिया जाता है, उनका स्वागत किया जाता है और उनका सम्मान किया जाता है। चाहे वह कोई वीआईपी ग्राहक हो, कोई नया कर्मचारी हो, या कोई संभावित भागीदार हो, आप उनकी यात्रा का प्रबंधन कैसे करते हैं, यह अक्सर आपके संगठन के बारे में उनकी धारणा को निर्धारित करता है। यह केवल आपके द्वारा परोसी जाने वाली कॉफ़ी या मीटिंग रूम की सफ़ाई ही नहीं है, बल्कि यह भी मायने रखता है कि विवरण कैसे प्रवाहित होंगे और आप कितनी गर्मजोशी से जुड़ते हैं।

विज़िटर मैनेजमेंट सिर्फ़ असीमित बजट वाली कंपनियों के लिए ही नहीं है। एक सोची-समझी और सुनियोजित रणनीति, सीमित बजट में भी, उतना ही प्रभावशाली हो सकती है। हालाँकि, असली परीक्षा तब होती है जब चीज़ें योजना के अनुसार नहीं होतीं। ऐसे क्षणों

में, रचनात्मकता और त्वरित सोच आपकी सबसे बड़ी संपत्ति बन जाती है।

ईमेल मेरे इनबॉक्स में बिजली की तरह गिरा: हमारा सबसे बड़ा क्लाइंट उस दोपहर अचानक मिलने आ रहा था। यह कोई साधारण क्लाइंट नहीं था—इस तरह के रिश्ते ने घर की बत्ती जलाए रखी और हमारी टीम को व्यस्त रखा। इससे ज़्यादा कुछ हो ही नहीं सकता था।

ग्राहक सेवा प्रमुख के रूप में, मैं तुरंत हरकत में आ गया। मैंने मन ही मन अपनी चेकलिस्ट देखी:

- सम्मेलन कक्ष को साफ कर दिया? हो गया।

- जलपान की व्यवस्था? प्रगति पर है।

- प्रस्तुति सामग्री को अंतिम रूप दे दिया? लगभग तैयार है।

यह सब एक साथ आ रहा था - फ़िकस तक।

यह कोई साधारण पौधा नहीं था। फ़िकस हमारे ऑफिस का अनौपचारिक शुभंकर बन गया था, जो अपनी हरी-भरी, विशाल उपस्थिति से मेहमानों का स्वागत करने के लिए लॉबी में गर्व से खड़ा रहता था। लेकिन उस मनहूस दिन, मानो उस पल की अहमियत को समझते हुए, जैसे ही ग्राहक दरवाज़े से अंदर आया, उसने अचानक गिरकर अपनी जान दे दी।

दृश्य बहुत ही अजीब था: एक वीआईपी ग्राहक दरवाजे पर खड़ा था, फर्श पर मिट्टी और पत्तियों का ढेर फैला हुआ था, और मैं आधे सेकंड के लिए स्तब्ध रह गया, फिर तुरंत हरकत में आया।

मैं फ़िकस की ओर झपटा और उसे इतनी ज़ोर से सीधा खड़ा कर दिया कि मुझे अंदाज़ा भी नहीं था। मेरा सहकर्मी झाड़ू और डस्टपैन लेकर मिट्टी खोदने के लिए दौड़ा। एक स्थिर साँस के साथ, मैं मुस्कुराते हुए क्लाइंट की ओर मुड़ा। "स्वागत है! हम पहली बार में ही यादगार छाप छोड़ने में यकीन रखते हैं," मैंने कहा, जिससे हमारे मेहमान ज़ोर से हँस पड़े।

तनाव कम हुआ और हमने क्लाइंट को नए सिरे से तैयार किए गए कॉन्फ्रेंस रूम में ले गए। बाकी मुलाक़ात सुचारु रूप से चली। प्रेजेंटेशन हुआ, बातचीत आगे बढ़ी और क्लाइंट हमारी साझेदारी के प्रति अपनी प्रतिबद्धता दोहराते हुए चला गया।

बाद में, उन्होंने हमारे "भागे हुए पौधे" का मज़ाक भी उड़ाया और तारीफ़ की कि हमने कैसे बड़ी सहजता और हास्य के साथ उस स्थिति को संभाला। जो बात एक आपदा में बदल सकती थी, वह एक ऐसी कहानी बन गई जिसने हमें एक सूत्र में बाँध दिया।

आगंतुक प्रबंधन का मतलब पूर्णता से कम और लचीलेपन से ज़्यादा है। मेहमान पूर्णता की अपेक्षा नहीं करते—वे सच्चे प्रयास, गर्मजोशी और आत्मविश्वास व हास्य के साथ मुश्किलों को संभालने की क्षमता की सराहना करते हैं। कभी-कभी, जीत पूरी तरह से बनी कॉफ़ी से नहीं, बल्कि फ़िकस के गिरने पर चुनौती का सामना करने के आपके तरीक़े से होती है।

आगंतुक प्रबंधन के दस नियम (जब आपका कार्यालय पूरी तरह व्यवस्थित न हो)

आगंतुक प्रबंधन, कार्यालय संचालन का सबसे आकर्षक हिस्सा भले ही न लगे, लेकिन यहीं पर प्रभाव बनता है—या खोता है। मेहमानों का पेशेवर ढंग से स्वागत करना, अप्रत्याशित आश्चर्यों को संभालना और उनके सुखद अनुभव को सुनिश्चित करना, एक सामान्य मुलाकात को यादगार बना सकता है। नीचे आगंतुकों को एक पेशेवर की तरह प्रबंधित करने के दस ज़रूरी नियम दिए गए हैं, भले ही आपके कार्यस्थल में किसी पाँच सितारा होटल जैसी भव्यता न हो।

1. प्रथम प्रभाव: बिना दरबान या शैंपेन के स्वागत का शानदार अनुभव:पहली छाप हमेशा के लिए रहती है, और आपके आगंतुकों का अनुभव उसी क्षण शुरू हो जाता है जब वे आपके दरवाज़े से अंदर कदम रखते हैं। चाहे आप किसी आलीशान ऊँची इमारत में काम कर रहे हों या किसी आरामदायक सहकर्मी स्थान पर, गर्मजोशी और पेशेवर व्यवहार ही एक शानदार स्वागत की कुंजी हैं।

बुनियादी चीज़ों से शुरुआत करें: साफ़-सुथरी जगह, आरामदायक बैठने की व्यवस्था, और एक रिसेप्शनिस्ट—या कम से कम मेहमानों का तुरंत स्वागत करने के लिए नियुक्त कोई व्यक्ति। अगर आप बिना किसी निर्धारित स्वागतकर्ता के काम चला रहे हैं, तो एक हल्की-सी मुस्कान और एक दोस्ताना "स्वागत है! आज मैं आपकी क्या मदद कर सकता हूँ?" काफ़ी मददगार साबित हो सकता है। पानी या कॉफ़ी देने जैसा एक छोटा-सा, विचारशील स्पर्श जोड़ने पर विचार करें।

तरकीब यही है कि कम से कम मेहनत में एक यादगार पल बनाया जाए। मिसाल के तौर पर, व्हाइटबोर्ड पर हाथ से लिखा एक स्वागत चिन्ह, आगंतुकों को खास महसूस करा सकता है।

2. नाम का खेल: प्रत्येक आगंतुक को याद रखना (बिना नाम टैग का सहारा लिए):नाम याद रखना ध्यान और सम्मान दर्शाता है, फिर भी कई लोग इससे जूझते हैं। अगर आपको भूलने की आदत है, तो कुछ स्मरणीय रणनीतियाँ अपनाएँ। उदाहरण के लिए, आगंतुक का नाम किसी दृश्य चित्र या तुकबंदी वाले शब्द से जोड़ें।

अगर उनका नाम आपके दिमाग से निकल जाए, तो विनम्रता से स्वीकार करें। विनम्रता से कहें, "माफ़ कीजिए, क्या आप मुझे अपना नाम याद दिला सकते हैं?", उलझने या बात को पूरी तरह से टालने से कहीं बेहतर है।

डिजिटल सेटिंग में, अपने विज़िटर लॉग में उनके आने से पहले ही उनके नाम नोट कर लें। पहले से एक नज़र डालने से आप बाद में होने वाली असहज स्थिति से बच सकते हैं।

3. ऑफिस टूर मास्टरी: अपने स्थान का प्रदर्शन (भले ही वह सिर्फ एक क्यूबिकल फार्म ही क्यों न हो):ऑफिस टूर का मतलब सिर्फ़ आपके कार्यस्थल का प्रदर्शन करना नहीं है; बल्कि यह आपकी कंपनी की ख़ासियतों को उजागर करना है। अपने दर्शकों के हिसाब से अपने टूर को तैयार करें। ग्राहकों के लिए, उपलब्धियों या नवाचारों पर ध्यान केंद्रित करें। संभावित कर्मचारियों के लिए, टीम संस्कृति पर ज़ोर दें।

भले ही आपका दफ़्तर साधारण हो, आप रुचि के स्थान बना सकते हैं। एक अच्छी तरह से भरा हुआ स्नैक ड्रॉअर "हमारे कर्मचारियों का पसंदीदा" बन सकता है, और एक मज़बूत फ़िकस का पौधा "हमारे अनौपचारिक शुभंकर" के रूप में अपनी जगह बना सकता है।

अपने आगंतुकों को किस्से-कहानियों से जोड़ें: "यहीं पर हमारी टीम ने हमारे पुरस्कार-विजेता उत्पाद के विचार पर विचार-मंथन किया था।" इस तरह के व्यक्तिगत स्पर्श आपके स्थान को गतिशील और प्रेरणादायक बनाते हैं।

4. छोटी-छोटी बातचीत की कला: आगंतुकों का मनोरंजन बिना मूक अभिनय के करना:छोटी-छोटी बातें सामाजिक मेलजोल का आधार होती हैं। ये खामोशियों को भर देती हैं और बातचीत को स्वाभाविक रूप से जारी रखती हैं। मुख्य बात संतुलन बनाना है: दिलचस्प तो हों, लेकिन दखलअंदाज़ी न करें। विवादास्पद विषयों से बचें और सुरक्षित, सर्वमान्य विषयों पर ध्यान दें। समसामयिक घटनाएँ (राजनीति नहीं), शौक, या साझा रुचियाँ बेहतरीन विषय हैं। उदाहरण के लिए: "क्या आपने आस-पास के किसी अच्छे रेस्टोरेंट में खाना खाया है?"

पहले से ही कुछ आइसब्रेकर सवाल तैयार कर लें। बातों को हल्का-फुल्का रखना ठीक है—आखिरकार आप कोई बहस तो आयोजित नहीं कर रहे हैं।

5. संकट प्रबंधन: अप्रत्याशित आगंतुक स्थितियों को शालीनता से संभालना:आप चाहे कितनी भी अच्छी तैयारी कर लें, आश्चर्य तो होना ही है। हो सकता है कोई मेहमान बिना बताए किसी

और को साथ ले आए, या उनकी मीटिंग काफ़ी देर से चले। दबाव में शालीनता ज़रूरी है। अगर कोई मेहमान किसी अनपेक्षित व्यक्ति को लेकर आए, तो तुरंत उसकी जगह ले लें। एक अतिरिक्त कुर्सी या जलपान का इंतज़ाम करें और ऐसे ही आगे बढ़ें जैसे पहले से तय हो।

जब मीटिंग लंबी चलती है, तो विनम्रता से बात को आगे बढ़ाएँ: "मुझे पता है कि हमारे पास समय कम है, इसलिए मैं मुख्य बिंदुओं का सारांश ज़रूर दूँगा।" व्यवधानों को शांति से संभालने से व्यावसायिकता की एक स्थायी छाप पड़ती है।

6. अनुकूलन राजा/रानी: आगंतुक अनुभव को अनुकूलित करना:सामान्य स्वागत स्थायी यादें नहीं छोड़ते, लेकिन थोड़ा-सा अनुकूलन आपके मेहमानों को मूल्यवान महसूस करा सकता है। अपने आगंतुकों की पसंद या आपकी कंपनी के साथ पिछले संबंधों पर शोध करें।

उदाहरण के लिए, अगर किसी ग्राहक को कोई ख़ास चाय पसंद आती है, तो अगर आप किसी संभावित पार्टनर की मेज़बानी कर रहे हैं, तो सुनिश्चित करें कि वह चाय उपलब्ध हो और उनके उद्योग से संबंधित सामग्री प्रदर्शित करें। ये छोटे-छोटे बदलाव विचारशीलता और बारीकियों पर ध्यान देने को दर्शाते हैं।

उनके आने से पहले एक व्यक्तिगत शुभकामना ईमेल भी प्रभाव डाल सकता है: "हमें आपका यहाँ स्वागत करते हुए बहुत खुशी हो रही है। अगर हम पहले से कुछ तैयार कर सकें तो हमें बताएँ।"

7. टेक-सेवी होस्टिंग: तकनीक को अपने ऊपर हावी हुए बिना उसका लाभ उठाना:तकनीक आगंतुकों के अनुभव को बेहतर बना सकती है, लेकिन इसे मानवीय स्पर्श की जगह कभी नहीं लेना चाहिए। आगंतुक प्रबंधन सॉफ़्टवेयर जैसे उपकरण चेक-इन, सुरक्षा प्रोटोकॉल और मेज़बानों को पूर्व-निर्धारित सूचनाओं में मदद कर सकते हैं। तकनीकी गड़बड़ियों के लिए तैयार रहें। मैन्युअल चेक-इन के लिए एक पेन-एंड-पेपर बैकअप रखें और स्क्रीन फ़्रीज़ होने या सिस्टम के डाउन होने पर समस्या निवारण के लिए किसी को स्टैंडबाय पर रखें।

तकनीक का इस्तेमाल मुलाक़ात को बेहतर बनाने के लिए करें, न कि उस पर हावी होने के लिए। उदाहरण के लिए, किसी कॉन्फ़्रेंस रूम में एक डिजिटल स्लाइड डेक, पेशेवर माहौल बनाए रखते हुए, आगंतुकों को प्रभावित कर सकता है।

8. अनुवर्ती कुशलता: मुलाकात के बाद भी संपर्क बनाए रखना:एक शानदार मुलाक़ात आपके मेहमान के जाने के बाद खत्म नहीं होती। एक विचारशील फ़ॉलो-अप यह सुनिश्चित करता है कि रिश्ता मज़बूत बना रहे। 24 घंटे के अंदर एक धन्यवाद ईमेल भेजें, जिसमें उनकी मुलाक़ात से जुड़ी खास जानकारी हो: "हमारी नई उत्पाद श्रृंखला पर आपके विचारों पर चर्चा करके बहुत अच्छा लगा। (विशिष्ट विषय) पर आपके सुझावों की हमें सराहना है।"

महत्वपूर्ण मुलाक़ातों के लिए, हस्तलिखित नोट भेजने पर विचार करें। इसमें थोड़ी ज़्यादा मेहनत लग सकती है, लेकिन यह एक अमिट छाप छोड़ता है।

9. एक्सेसिबिलिटी ऐस: सभी के लिए स्वागत योग्य अनुभव सुनिश्चित करना:एक समावेशी वातावरण बनाना सर्वोपरि है। अपनी जगह की पहुँच की जाँच करें: रैंप, लिफ्ट और ADA-अनुपालक शौचालय सभी के लिए अनिवार्य हैं ताकि यह सुनिश्चित हो सके कि सभी का स्वागत हो। विशिष्ट आवश्यकताओं वाले आगंतुकों के लिए, पहले से तैयारी कर लें। अगर कोई सुनने में असमर्थ है, तो मीटिंग नोट्स प्रदान करें या प्रस्तुतियों के दौरान क्लोज्ड कैप्शनिंग की व्यवस्था करें।

समावेशिता शारीरिक ज़रूरतों से कहीं आगे तक फैली हुई है। सांस्कृतिक संवेदनशीलता, खान-पान संबंधी विचार और विविध संचार शैलियों का सम्मान, ये सभी मिलकर एक स्वागतयोग्य माहौल बनाने में योगदान करते हैं।

10. फीडबैक कीमियागर: आगंतुकों के इनपुट को सोने में बदलना:आपके विज़िटर प्रबंधन कौशल को बेहतर बनाने के लिए फ़ीडबैक एक अनमोल खजाना है। हर विज़िट के बाद, सुझाव मांगें: "हमारे साथ आपका अनुभव कैसा रहा? क्या हम कुछ सुधार कर सकते हैं?"

ईमानदार प्रतिक्रियाओं के लिए तैयार रहें। सभी प्रतिक्रियाएँ उत्साहजनक नहीं होंगी, लेकिन कार्रवाई योग्य आलोचनाएँ आपको आगे बढ़ने में मदद करती हैं।

अपनी प्रक्रियाओं में सुधार के लिए फ़ीडबैक का उपयोग करें। उदाहरण के लिए, अगर कई आगंतुक पार्किंग को लेकर असमंजस की बात करते हैं, तो साइनेज में सुधार करें या विज़िट से पहले ईमेल

में स्पष्ट निर्देश दें। निरंतर सुधार आपके कार्यालय के अनुभव को ताज़ा और आकर्षक बनाए रखता है।

"तो क्या?" निष्कर्ष: स्टेलर विज़िटर मैनेजमेंट आपका गुप्त हथियार क्यों है

आगंतुक प्रबंधन को अक्सर नज़रअंदाज़ कर दिया जाता है, लेकिन यह व्यवसाय की सफलता के लिए महत्वपूर्ण है। मेहमानों का स्वागत और उनकी देखभाल करने के अलावा, बेहतरीन आगंतुक अनुभव ग्राहक संबंधों को मज़बूत कर सकते हैं, मुँह-ज़बानी रेफ़रल बढ़ा सकते हैं और आपकी पेशेवर प्रतिष्ठा को बढ़ा सकते हैं। आइए, इन बिंदुओं को जोड़कर देखें कि आगंतुक प्रबंधन में महारत हासिल करना सिर्फ़ आतिथ्य सत्कार के बारे में नहीं है—यह विकास, प्रभाव और प्रभाव के बारे में है।

ग्राहक विश्वास और वफादारी का निर्माण

हर ग्राहक का आना विश्वास और वफ़ादारी को मज़बूत करने का एक अवसर होता है। जब मेहमान मूल्यवान और सहज महसूस करते हैं, तो वे आपके व्यवसाय को विश्वसनीय और पेशेवर मानने की ज़्यादा संभावना रखते हैं। पसंद-नापसंद याद रखने या ज़रूरतों का अंदाज़ा लगाने जैसे विचारशील स्पर्श एक अमिट छाप छोड़ सकते हैं।

इस पर गौर करें: एक अच्छी तरह से आयोजित मुलाक़ात, योग्यता और देखभाल का प्रतीक है, ये दो गुण हैं जो ग्राहक दीर्घकालिक साझेदारों में चाहते हैं। छोटे-छोटे काम, जैसे जलपान

की पेशकश या एक सहज चेक-इन अनुभव प्रदान करना, बारीकियों पर ध्यान देने का संकेत देते हैं और आपकी क्षमताओं में विश्वास को मज़बूत करते हैं।

लहरदार प्रभाव पैदा करना: मुँह-ज़बानी रेफरल

लोग असाधारण अनुभवों के बारे में बात करते हैं, चाहे वे व्यक्तिगत हों या पेशेवर। एक बेहतरीन विज़िटर प्रबंधन रणनीति सकारात्मक प्रचार-प्रसार को बढ़ावा दे सकती है, जिससे रेफरल और नए व्यावसायिक अवसर मिल सकते हैं। उदाहरण के लिए, एक संभावित ग्राहक जो आपके कार्यालय के सहज अनुभव से प्रभावित होकर जाता है, वह किसी अनौपचारिक बातचीत में इसका ज़िक्र कर सकता है, जिससे अप्रत्यक्ष रूप से आपकी कंपनी का विपणन हो सकता है।

यह खुद को अलग दिखाने के बारे में है। ज़्यादातर कंपनियाँ सिर्फ़ बड़े पैमाने पर उपलब्ध उत्पादों पर ध्यान केंद्रित करती हैं, लेकिन जो छोटी-छोटी बातों में भी उत्कृष्टता हासिल कर लेती हैं, वे एक ऐसा समग्र अनुभव तैयार करती हैं जिसे ग्राहक दूसरों के लिए भी दोहराना चाहते हैं।

एक प्रमुख खिलाड़ी के रूप में अपनी भूमिका को आकार देना

आगंतुक प्रबंधन में महारत हासिल करने से आप एक पृष्ठभूमि योगदानकर्ता से अपने संगठन के लिए एक महत्वपूर्ण संपत्ति बन जाते हैं। यह समस्या-समाधान कौशल, भावनात्मक बुद्धिमत्ता और

दूरदर्शिता का प्रदर्शन करता है। ये गुण न केवल होस्टिंग के लिए, बल्कि नेतृत्व की भूमिकाओं के लिए भी अमूल्य हैं।

कल्पना कीजिए कि आपको सिर्फ़ अपॉइंटमेंट शेड्यूल करने वाले व्यक्ति के रूप में ही नहीं, बल्कि क्लाइंट संबंधों को बेहतर बनाने और कंपनी की प्रतिष्ठा बनाने वाले व्यक्ति के रूप में भी पहचाना जाए। यह करियर विकास की ओर एक कदम है जो आतिथ्य सत्कार की कला में महारत हासिल करने से शुरू होता है।

कैम्पी कॉर्नर: अपने भीतर के कंसीयज को गले लगाएँ (भले ही आप दिखावा ही क्यों न कर रहे हों)

हर कोई जन्मजात मेज़बान नहीं होता, और यह ठीक भी है। बेहतरीन आगंतुक प्रबंधन पूर्णता के बारे में नहीं है; यह आपकी क्षमताओं का उपयोग करने और चुनौतियों का सामना करने के बारे में है। आगंतुक प्रबंधन कई शैलियों में आता है। क्या आप स्वाभाविक रूप से बातचीत करने वाले व्यक्ति हैं? दोस्ताना बातचीत के ज़रिए आगंतुकों को सहज महसूस कराने पर ध्यान केंद्रित करें। क्या आप एक विस्तृत योजनाकार हैं? सुनिश्चित करें कि उनकी यात्रा का हर पहलू सुचारू रूप से चले।

असली बात है प्रामाणिकता। मेहमान दिखावटी प्रदर्शन की बजाय ईमानदारी को ज़्यादा पसंद करते हैं। एक गर्मजोशी भरा, सच्चा स्वागत हर बार किसी भी तरह के दिखावटी भाषण से बेहतर होता है।

बेहतरीन योजनाएँ भी कभी-कभी नाकाम हो सकती हैं। ये पल, हालाँकि उस समय तनावपूर्ण होते हैं, अक्सर ऐसी कहानियाँ बन जाते हैं जिन्हें लोग प्यार से याद करते हैं।

उदाहरण के लिए, एक आगंतुक की कहानी लीजिए जिसे गलती से कॉन्फ्रेंस रूम की बजाय झाड़ू वाली अलमारी में भेज दिया गया। जो एक बड़ी मुसीबत बन सकता था, वह ग्राहक और कंपनी के बीच एक मज़ाक में बदल गया, जिससे उनका रिश्ता और मज़बूत हो गया।

खामियों को हास्य और शालीनता से स्वीकार करें। अक्सर, किसी ग़लती से उबरना ही आपकी विश्वसनीयता और रचनात्मकता को दर्शाता है।

गूगल द्वंद्व: "हे गूगल, मैं विज़िटर्स को कैसे प्रभावित करूँ? नहीं, मैं चॉकलेट फ़ाउंटेन नहीं खरीद सकता!"

सलाह के मामले में, गूगल भी पीछे रह सकता है। हालाँकि डिजिटल आतिथ्य गाइड विस्तृत सुझाव दे सकते हैं, लेकिन वास्तविक दुनिया में मेज़बानी के लिए अक्सर ज़्यादा ठोस दृष्टिकोण की ज़रूरत होती है।

एआई और एल्गोरिदम दक्षता में तो उत्कृष्ट हैं, लेकिन उनमें मानवीय संपर्क जैसी सूक्ष्मता का अभाव है। एक चैटबॉट मीटिंग को तो आसानी से शेड्यूल कर सकता है, लेकिन किसी विज़िटर की असुविधा को समझ नहीं पाता या सहज प्रश्नों का उत्तर नहीं दे पाता।

यहीं पर मानवीय रचनात्मकता और देखभाल निखर कर आती है। उदाहरण के लिए, एक चौकस मेज़बान किसी मेहमान को

अपना डिवाइस चार्ज करने के लिए आउटलेट ढूँढ़ते हुए देख सकता है और तुरंत मदद की पेशकश कर सकता है—ऐसी बात जो एआई स्पष्ट निर्देश के बिना नहीं पकड़ पाएगा।

हास्य और प्रामाणिकता > पूर्ण परिशुद्धता

एक ऐसी दुनिया की कल्पना कीजिए जहाँ एआई आगंतुकों के अनुभव तय करेगा। अभिवादन से लेकर जलपान तक, हर कदम एक स्क्रिप्ट के अनुसार होगा। हालाँकि यह कुशल होगा, लेकिन इसमें वह अनोखापन और आकर्षण नहीं होगा जो बातचीत को यादगार बनाता है।

एक ऐसे परिदृश्य पर विचार करें जहाँ मीटिंग से ठीक पहले आपकी कॉफ़ी मशीन खराब हो जाए। ऑफिस में कॉफ़ी के अपशकुन पर एक छोटा सा मज़ाक, और फिर पास के कैफ़े से कॉफ़ी लेने का प्रस्ताव, किसी AI असिस्टेंट की रोबोटिक माफ़ी से बेहतर प्रभाव छोड़ेगा।

तकनीक और मानवीय स्पर्श का संतुलन

तकनीक आगंतुक प्रबंधन को बेहतर बना सकती है, लेकिन इसे मानवीय पहलू की जगह नहीं लेना चाहिए। प्रक्रियाओं को सुव्यवस्थित करने के लिए आगंतुक चेक-इन ऐप्स जैसे टूल का इस्तेमाल करें, साथ ही वह गर्मजोशी और वैयक्तिकरण बनाए रखें जो केवल लोग ही प्रदान कर सकते हैं।

उदाहरण के लिए, एक आगंतुक सहज डिजिटल साइन-इन प्रक्रिया से प्रभावित हो सकता है, लेकिन वह उस व्यक्ति को याद

रखेगा जिसने उसका गर्मजोशी से स्वागत किया और पूछा कि उसकी यात्रा कैसी रही। तकनीकी दक्षता और मानवीय देखभाल के बीच संतुलन ही उत्कृष्ट मेजबानी का सबसे महत्वपूर्ण पहलू है।

सब कुछ एक साथ लाना: असाधारण आगंतुक प्रबंधन की शक्ति

जब सही तरीके से किया जाए, तो विज़िटर प्रबंधन एक तार्किक कार्य से कहीं बढ़कर हो जाता है—यह विकास और प्रभाव के लिए एक रणनीतिक उपकरण बन जाता है। यह ग्राहक संबंधों को मज़बूत करता है, रेफ़रल उत्पन्न करता है, और आपकी पेशेवर प्रतिष्ठा को ऊँचा उठाता है।

ऐसे युग में जहाँ स्वचालन का बोलबाला है, मेज़बानी में मानवीय स्पर्श और भी ज़्यादा मूल्यवान हो जाता है। मेहमानों का स्वागत करने की कला में निपुणता हासिल करके, आप उनके अनुभव को बेहतर बनाते हैं और खुद को और अपनी कंपनी को दीर्घकालिक सफलता के लिए तैयार करते हैं।

इसलिए, अगली बार जब आप किसी आगंतुक का स्वागत करें, तो याद रखें - आप सिर्फ लाल कालीन नहीं बिछा रहे हैं, बल्कि सार्थक संबंधों और स्थायी छापों का मार्ग प्रशस्त कर रहे हैं।

निष्कर्ष: बधाई हो, अब आप एक व्यक्तित्व निंजा हैं!

यह आपका निष्कर्ष है, वह भव्य परिणति जिसमें आप अंततः खुद को एक ग्राहक सेवा विशेषज्ञ में बदल पाएँगे—वह भी व्यक्तित्व, बुद्धि और लचीलेपन के साथ। अब तक, आपने अपने कौशल को निखारा है और उस अपूरणीय मानवीय मूल्य को पाया है। आपने शायद इस दौरान हँसा भी होगा। अब समय आ गया है कि आप सोचें कि आप अब तक कैसे पहुँचे हैं, अपनी सभी अनोखी महाशक्तियों को अपनाएँ, और फिर आत्मविश्वास से उस दुनिया में आगे बढ़ें जहाँ आपका व्यक्तित्व ही सब कुछ बदल देता है।

"पहले और बाद": आपकी ग्राहक सेवा की चमक

सबसे पहले, आइए हम उस विकास को स्वीकार करें जिससे आप गुज़रे हैं। याद कीजिए जब आपने यह किताब उठाई थी तब आप कैसे थे? शायद कोई बहुत ही सख्त ग्राहकों से बहुत ज़्यादा तनावग्रस्त हो, बेहद मांग करने वाले बॉस से परेशान हो, या बस साधारण, आदतन, रोबोट जैसी बातें करके ज़िंदगी जी रहा हो।

और अब, इसकी तुलना उस ग्राहक सेवा निंजा से करें जिसे आपने स्वयं में बदल लिया है। आपकी चमक को दर्शाने के लिए यहां एक मजेदार "अंतर खोजें" खेल दिया गया है:

पहले

- ग्राहकों का स्वागत सामान्य वाक्यांशों जैसे, "मैं आपकी किस प्रकार सहायता कर सकता हूँ?" से किया।
- शिकायतों से निपटने के विचार से ही घबराहट होती है।
- हर शिफ्ट के बाद थकावट महसूस होती थी।
- स्क्रिप्ट पर बहुत अधिक निर्भर रहना पड़ा और बिना तैयारी के बातचीत करने में संघर्ष करना पड़ा।
- आँखों से संपर्क और सकारात्मक शारीरिक भाषा से परहेज किया, ऐसा प्रतीत हुआ जैसे कि उनसे संपर्क करना कठिन हो।
- संबंध बनाने के बजाय लेन-देन पर ध्यान केंद्रित किया गया।
- गुणवत्तापूर्ण बातचीत बनाए रखते हुए कई कार्यों को संभालने में संघर्ष करना पड़ा।
- कंपनी के मिशन या मूल्यों से विमुख महसूस करना।

बाद

- हर ग्राहक से व्यक्तिगत और आकर्षक ऊर्जा के साथ संपर्क करें: "आपका स्वागत है! मैं आपका दिन बेहतर बनाने के लिए क्या कर सकता हूँ?"
- शिकायतों को चमकने के अवसर के रूप में देखें, सहानुभूति और समस्या-समाधान कौशल दिखाएं।
- वास्तविक संबंधों को बढ़ावा देने से पारी समाप्त करने पर थकावट महसूस नहीं होती, बल्कि शक्ति का अहसास होता है।

- स्क्रिप्ट को रचनात्मक, यादगार वार्तालाप के लिए स्प्रिंगबोर्ड में बदलें।
- सकारात्मक शारीरिक भाषा, जैसे मुस्कुराना, आंखों से संपर्क, और खुले हाव-भाव, गर्मजोशी भरा माहौल बनाएंगे।
- नियमित लेन-देन को ग्राहक विश्वास और तालमेल बनाने के अवसरों में बदला जा सकता है।
- ग्राहक अनुभव को बेहतर बनाने के लिए गति और गुणवत्ता में संतुलन बनाकर मल्टीटास्किंग की कला में निपुणता प्राप्त करें।
- उद्देश्य और गर्व की भावना प्रदान करने के लिए व्यक्तिगत प्रेरणा को कंपनी के मिशन के साथ संरेखित करें।
- ग्राहकों की प्राथमिकताओं को जानें और याद रखें, जिससे बार-बार आने पर उन्हें विशेष और व्यक्तिगत अनुभव मिले।
- ग्राहकों की आवश्यकताओं का उनके अनुरोध करने से पहले ही अनुमान लगा लें।
- ग्राहकों के प्रति कृतज्ञता का रवैया विकसित करें, तथा अपनी सेवा चुनने के लिए उनके प्रति आभार प्रकट करें।

आपकी चमक-दमक केवल बेहतर सेवा के बारे में नहीं है; यह आपकी पूरी क्षमता को उजागर करने, आपके अद्वितीय व्यक्तित्व को अपनाने और प्रत्येक ग्राहक के साथ जुड़ने के तरीके को पुनर्परिभाषित करने के बारे में है।

क्यों AI कभी भी आपके अनोखे ब्रांड की जगह नहीं ले पाएगा?

कृत्रिम बुद्धिमत्ता के युग में, चैटबॉट्स और ऑटोमेशन के कारण अपनी नौकरी जाने की चिंता होना स्वाभाविक है। लेकिन सच्चाई यह है: कृत्रिम बुद्धिमत्ता कुशल तो है, लेकिन यह उन विचित्रताओं, अनुकूलनशीलता या भावनात्मक बुद्धिमत्ता की जगह कभी नहीं ले पाएगी जो आपको विशिष्ट रूप से मूल्यवान बनाती हैं। कल्पना कीजिए कि कोई ग्राहक किसी असामान्य समस्या के लिए मदद माँग रहा है।

कल्पना कीजिए कि कोई ग्राहक किसी असामान्य समस्या के लिए मदद माँग रहा है। एआई शायद जवाब दे, "मुझे आपका अनुरोध समझ नहीं आ रहा।" लेकिन आप? आप हँस सकते हैं, सहानुभूति दिखा सकते हैं, और रचनात्मक समाधान ढूँढ सकते हैं, और साथ ही मज़ाक भी कर सकते हैं कि यह स्थिति आपको किसी मज़ेदार चीज़ की याद दिलाती है।

AI नहीं कर सकता

1. एक विनोदपूर्ण उत्तर तैयार करें।
2. किसी ग्राहक के साथ उसकी अजीबोगरीब विशिष्ट समस्या पर हंसी-मजाक करें।
3. किसी संभावित नकारात्मक अनुभव को सकारात्मक स्मृति में बदलें।

मानव बनाम एआई मुकाबला

आइए इसे परखें

परिद्रश्य 1:एक ग्राहक को उपहार चुनने के संबंध में सलाह की आवश्यकता है।

एआई प्रतिक्रिया: “यहां कुछ लोकप्रिय विकल्प दिए गए हैं।”

आपका जवाब: "मुझे लगता है—यह किसी ऐसे व्यक्ति के लिए है जिसके लिए खरीदारी करना मुश्किल है? मैं भी ऐसा कर चुका हूँ। आइए कुछ ऐसा खोजें जिससे वे कहें, 'वाह, तुमने कमाल कर दिया!'"

परिद्दश्य 2:एक ग्राहक निराश है क्योंकि उसका ऑर्डर देरी से आया है।

एआई प्रतिक्रिया: “असुविधा के लिए हमें खेद है।”

आपका जवाब: "उफ़, मुझे भी पार्सल का इंतज़ार करना बिल्कुल पसंद नहीं। मुझे इस बारे में पता करने दीजिए और देखते हैं कि क्या हम इसे जल्दी निपटा सकते हैं। इस बीच, मैं आपको शिपिंग के तनाव से निपटने का अपना पसंदीदा तरीका सिखाती हूँ—इसे चॉकलेट कहते हैं।"

आपका व्यक्तित्व, हास्य और सहानुभूति हर बार जीतते हैं। एआई भले ही तेज़ हो, लेकिन आप अविस्मरणीय हैं।

आपका मिशन, क्या आपको इसे स्वीकार करना चाहिए (स्पॉइलर: आपको करना चाहिए)

बड़ी ताकत के साथ बड़ी ज़िम्मेदारियाँ भी आती हैं; अब समय आ गया है अपने नए कौशल को लागू करने का। आपका मिशन यह है:

1. **अपने व्यक्तित्व को अपनाएं:**पीछे मत हटिए। आपकी अनोखी आदतें और अनोखा अंदाज़ ही आपको दूसरों से अलग बनाता है।
2. **चैंपियन प्रामाणिकता:**ग्राहक वास्तविक संबंध चाहते हैं, न कि एक जैसे जवाब।
3. **सकारात्मकता फैलाएं:**हर बातचीत में अपने उत्साह को झलकने दें।

आपका मिशन सिर्फ़ बेहतरीन सेवा देना नहीं है—बल्कि एक अमिट छाप छोड़ना है। अपने व्यक्तित्व को अपनाकर, प्रामाणिकता को बढ़ावा देकर और सकारात्मकता फैलाकर, आप ग्राहकों के अनुभवों को बदल रहे हैं और दूसरों से सच्चे दिल से जुड़ने के मायने को नया रूप दे रहे हैं।

व्यक्तित्व-संचालित ग्राहक सेवा प्रतिज्ञा

"मैं हर ग्राहक के साथ बातचीत में अपनी असली पहचान दिखाने का संकल्प लेता हूँ। मैं चुनौतियों का सामना रचनात्मकता, सहानुभूति और हास्य के साथ करूँगा। मैं हर ग्राहक को यह एहसास दिलाने की कोशिश करूँगा कि उसे महत्व दिया जा रहा है, उसकी बात सुनी जा रही है और उसकी सराहना की जा रही है। सबसे बढ़कर, मैं अपनी अनोखी आदतों को अपनाकर उन्हें अविस्मरणीय अनुभव बनाने के लिए इस्तेमाल करूँगा।"

और हां, अपने काम में बेहतरीन होना एक लत की तरह है - एक बार जब आप अपने व्यक्तित्व का प्रभाव देख लेंगे, तो आप रुकना नहीं चाहेंगे।

तरंग प्रभाव: कैसे आपके व्यक्तित्व में क्रांति सब कुछ बदल देती है

आपके व्यक्तित्व-आधारित दृष्टिकोण का प्रभाव व्यक्तिगत ग्राहक संपर्कों से कहीं आगे तक जाता है। यह व्यवसायों को बदल देता है, कार्यस्थल की संस्कृति में सुधार करता है, और यहाँ तक कि आपके निजी जीवन को भी बेहतर बनाता है।

1. **व्यावसायिक सफलता:**खुश ग्राहक बार-बार व्यापार और चमक-दमक की ओर ले जाते हैं समीक्षाएँ। असाधारण अनुभव प्रदान करके, आप सीधे तौर पर अपनी कंपनी के मुनाफे में योगदान दे रहे हैं। एक सकारात्मक बातचीत एक बार के खरीदार को आपके ब्रांड का एक वफ़ादार समर्थक बना सकती है।
2. **कार्यस्थल संस्कृति:**आपका दृष्टिकोण सिर्फ़ ग्राहकों को ही प्रभावित नहीं करता—यह आपके सहकर्मियों को भी प्रेरित करता है। जब वे आपको चुनौतियों का सामना शालीनता और हास्य के साथ करते हुए देखते हैं, तो उन्हें भी ऐसा करने का प्रोत्साहन मिलता है। आपको पता भी नहीं चलता कि आप एक ऐसी टीम का हिस्सा हैं जो सकारात्मकता और सहयोग पर आधारित है।
3. **व्यक्तिगत संतुष्टि:**सबसे ज़्यादा संतुष्टि तब मिलती है जब आपको पता चलता है कि आपने किसी का दिन थोड़ा बेहतर बना दिया है। हर मुस्कान, हर हंसी या "धन्यवाद" आपको याद दिलाता है कि आपका काम मायने रखता है।

एक छोटा सा जानबूझकर किया गया कार्य, जो तितली प्रभाव की तरह, सार्थक परिणाम देता है। व्यक्तिगत स्तर पर दूसरों से जुड़ने की आपकी क्षमता का व्यापक प्रभाव हो सकता है, जो जीवन को प्रभावित कर सकता है और विकास को ऐसे तरीकों से प्रेरित कर सकता है जो आपको तुरंत दिखाई नहीं देते।

कभी न ख़त्म होने वाली कहानी: आपके सुधार की निरंतर यात्रा

ग्राहक सेवा में व्यक्तित्व को निखारना कोई मंज़िल नहीं है—यह जीवन भर का एक साहसिक कार्य है। सीखने, आगे बढ़ने और अनुकूलन के लिए हमेशा जगह होती है।

लेवल अप सिस्टम

अपनी यात्रा को एक वीडियो गेम की तरह समझें

- स्तर 1: बुनियादी बातचीत (विनम्रता, धैर्य)।
- स्तर 2: व्यक्तित्व संवर्धन (हास्य और सहानुभूति का समावेश)।
- स्तर 3: संघर्ष निंजा (शिकायतों को अवसरों में बदलना)।
- स्तर 4: संबंध निर्माता (वफादार ग्राहक बनाना)।
- स्तर 5: गुरु (व्यक्तित्व-संचालित सेवा की कला में दूसरों को मार्गदर्शन देना)।

प्रत्येक स्तर के लिए लक्ष्य निर्धारित करें और अपनी प्रगति का जश्न मनाएं।

जितना अधिक आप जानते हैं, उतना अधिक आप परवाह करते हैं

व्यक्तित्व-आधारित ग्राहक सेवा स्वयं को जानने से शुरू होती है। क्यों? क्योंकि आत्म-जागरूकता सहानुभूति और रचनात्मकता को बढ़ावा देती है, जिससे आप ग्राहकों के साथ वास्तविक रूप से जुड़ पाते हैं।

ज़रा सोचिए: जब आप अपनी खूबियों, विशिष्टताओं और यहाँ तक कि अपनी सीमाओं को समझते हैं, तो आप हर बातचीत की ज़रूरतों के हिसाब से अपने तरीके को ढाल सकते हैं। यह आत्म-जागरूकता आपको ये करने की शक्ति देती है:

1. **अपनी शैली अनुकूलित करें:**चाहे आपके ग्राहक को धैर्य की आवश्यकता हो या त्वरित समाधान की, आपकी संचार शैली जानने से आपको प्रभावी ढंग से प्रतिक्रिया देने में मदद मिलती है।
2. **लचीला बने रहें:**अपने ट्रिगर्स को पहचानें और तनावपूर्ण क्षणों के दौरान पुनः ऊर्जावान बनें।
3. **जीत का जश्न मनाएं:**अपनी प्रगति को स्वीकार करें और अपने अद्वितीय योगदान पर गर्व महसूस करें।

आत्म-जागरूकता बढ़ने से न सिर्फ़ ग्राहक सेवा बेहतर होती है, बल्कि काम भी ज़्यादा संतोषजनक हो जाता है। आपको संबंध बनाने, समस्याओं को सुलझाने और दूसरों पर सकारात्मक प्रभाव डालने में खुशी मिलेगी।

आपका व्यक्तित्व टूलकिट: एक त्वरित संदर्भ मार्गदर्शिका

ग्राहक सेवा के लिए इसे अपना "व्यक्तित्व आपातकालीन किट" मानें - यह आपको अपने खेल में शीर्ष पर रखने के लिए एक त्वरित मार्गदर्शिका है।

महत्वपूर्ण अवधारणाएं

- **प्रामाणिकता मायने रखती है:**ग्राहक वास्तविक लोगों से जुड़ते हैं, न कि किसी पुरानी स्क्रिप्ट से।
- **सकारात्मकता संक्रामक है:**आपका उत्साह हर बातचीत का माहौल तय करता है।
- **रचनात्मकता समस्याओं का समाधान करती है:**अपने ग्राहकों को आश्चर्यचकित और प्रसन्न करने के लिए लीक से हटकर सोचें।

TECHNIQUES

- **स्फूर्ति से ध्यान देना:**अपने ग्राहकों की चिंताओं का सारांश प्रस्तुत करके और उन्हें मान्य करके उन्हें यह एहसास दिलाएं कि उनकी बात सुनी जा रही है।
- **कार्य में सहानुभूति:**हमेशा ग्राहक के शब्दों के पीछे छिपे भावनात्मक भार को स्वीकार करें।
- **व्यक्तिगत स्पर्श:**उनके नाम का प्रयोग करें, पिछली बातचीत का उल्लेख करें, या ऐसे छोटे-छोटे संकेत दें जिनसे उन्हें मूल्यवान महसूस हो।

त्वरित सुझाव

- कठिन परिस्थितियों से निपटने से पहले गहरी सांस लें - इससे आपको शांत रहने में मदद मिलती है।
- मुस्कुराइए (फ़ोन पर भी)। ग्राहक इसे "सुन" सकते हैं।
- मुश्किल परिस्थितियों के लिए उपयोगी वाक्यांशों की एक सूची रखें, लेकिन उन्हें अपनी शैली में शामिल करना याद रखें।

द लास्ट लाफ: ग्राहक सेवा की गलतियों का संग्रह

ग्राहक सेवा हमेशा आसान नहीं होती। कभी-कभी, चीज़ें बहुत ज़्यादा ग़लत हो जाती हैं—और इसमें कोई बुराई नहीं है। यहाँ कुछ असल ज़िंदगी की ग़लतियाँ हैं जो आपको याद दिलाएँगी कि गलतियाँ भी बेहतरीन कहानियाँ बन सकती हैं:

1. **बेमेल अभिवादन**:एक सेवा प्रतिनिधि ने गलती से एक कॉलर का अभिवादन अपनी कंपनी के नाम की बजाय, "पिज्जा प्लैनेट में आपका स्वागत है!" कहकर किया। कॉलर हँस पड़ा और उसने एक पिज़्ज़ा की सिफ़ारिश की।
2. **अति उत्साही उत्साह**:एक बार एक वेटर ने गलत समय पर अंगूठी दिखने के आधार पर एक जोड़े को उनकी "सगाई" की बधाई दे दी। उनकी सगाई अभी तक नहीं हुई थी।
3. **रचनात्मक समस्या-समाधान गड़बड़ा गया**:एक प्रतिनिधि ने नाराज़ ग्राहक को खुश करने के लिए "एक खुशनुमा गाना" गाने की पेशकश की। यह काम कर गया... जब तक कि प्रतिनिधि बीच में ही गाने के बोल भूल नहीं गया।

ये क्षण हमें याद दिलाते हैं कि व्यक्तित्व-आधारित सेवा का परिपूर्ण होना आवश्यक नहीं है - यह बस वास्तविक होनी चाहिए।

आपकी बारी: एक इंटरैक्टिव चुनौती

अपने कौशल को परखने का समय आ गया है! इन परिदृश्यों की कल्पना कीजिए और अपने व्यक्तित्व-आधारित सर्वोत्तम उत्तर तैयार कीजिए:

1. **अभिभूत खरीदार**:आपके स्टोर में एक ग्राहक भ्रमित और तनावग्रस्त दिखता है।
2. **लगातार शिकायत करने वाला**:एक नियमित ग्राहक ऐसी नीति के बारे में शिकायत करता है जिसे आप बदल नहीं सकते।
3. **मूक पर्यवेक्षक**:ग्राहक बिना कोई बातचीत किए आपके स्थान पर घूमता रहता है।

अपनी रचनात्मक प्रतिक्रियाओं को एक समर्पित हैशटैग का उपयोग करके सोशल मीडिया पर साझा करें, या विचारों के आदान-प्रदान के लिए समान विचारधारा वाले पेशेवरों के समुदाय में शामिल हों। साथ मिलकर, आप एक-दूसरे को प्रेरित कर सकते हैं और विकास की यात्रा जारी रख सकते हैं।

व्यक्तित्व-संचालित वादा

आइए एक प्रतिज्ञा के साथ इस समझौते को अंतिम रूप दें - एक हल्की-फुल्की, सशक्त शपथ जो आपको याद दिलाएगी कि आपके व्यक्तित्व का कितना अविश्वसनीय प्रभाव हो सकता है।

"मैं हर ग्राहक सेवा बातचीत में अपने व्यक्तित्व को शामिल करने की शपथ लेता हूँ। मैं बाधाओं को अवसरों में बदलने और ग्राहकों को आजीवन प्रशंसक बनाने में सच्चा, सहानुभूतिपूर्ण और रचनात्मक रहूँगा। मैं अच्छा माहौल फैलाऊँगा, अप्रत्याशित को स्वीकार करूँगा, और व्यक्तित्व-आधारित उत्कृष्टता का झंडा गर्व से लहराऊँगा।"

इसे प्रिंट करें, फ्रेम करें, प्रेरणा के लिए इसे टांगें - या, कम से कम, जब सहकर्मी इसके बारे में पूछें तो खूब हंसें!

उपसंहार: व्यक्तित्व-संचालित ग्राहक सेवा के भविष्य पर एक नज़र

ग्राहक सेवा का क्या होगा? क्या रोबोट कभी हमारी वास्तविकता का हिस्सा बनेंगे? शायद, लेकिन वे मानवीय पहलू को पूरी तरह से खत्म नहीं करेंगे। एक ऐसी दुनिया की कल्पना कीजिए जहाँ AI रोज़मर्रा के कामों को संभाले, और आपको उन सार्थक संबंधों पर ध्यान केंद्रित करने के लिए स्वतंत्र करे जो केवल मनुष्य ही बना सकते हैं। एक ऐसे भविष्य की कल्पना कीजिए जहाँ आपका व्यक्तित्व अविस्मरणीय ग्राहक अनुभव बनाने में निर्णायक कारक बन जाए।

जैसे-जैसे स्वचालन अपनी गति पकड़ता जाएगा, आपकी प्रामाणिक रूप से जुड़ने की क्षमता और भी मूल्यवान होती जाएगी। आप तकनीक और शाश्वत मानवीय संपर्क के बीच सेतु बनेंगे। इसलिए, इस पुस्तक को समाप्त करते समय, याद रखें: ग्राहक सेवा का भविष्य आपके हाथों में है। अपनी विचित्रताओं को अपनाते रहें,

सकारात्मकता फैलाते रहें, और एक-एक बातचीत के ज़रिए ग्राहक सेवा की दुनिया को आकार देते रहें।

अंतिम शब्द: एक हास्यपूर्ण विदाई

इस यात्रा को समाप्त करते हुए, मैं आपके सामने एक अंतिम चुनौती रखना चाहता हूँ:

कल्पना कीजिए कि आप गूगल से पूछें, "क्या AI मेरी तरह व्यक्तित्व-आधारित ग्राहक सेवा प्रदान कर सकता है?" जवाब हो सकता है, "मुझे माफ़ करें, मेरे पास वह जानकारी नहीं है।"

और यही बात है। कोई भी एल्गोरिदम आपके हास्य, सहानुभूति और प्रामाणिकता के मिश्रण की बराबरी नहीं कर सकता। आप सिर्फ़ मशीन का एक पुर्ज़ा नहीं हैं—आप ग्राहक सेवा की धड़कन हैं, अनगिनत बातचीतों के गुमनाम नायक हैं।

तो बाहर निकलो, अपने भीतर के व्यक्तित्व को अपनाओ, निंजा, और हर बातचीत को अविस्मरणीय बनाओ। दुनिया कौशल, विचित्रताओं और विचित्रताओं के उस अनोखे मिश्रण के लिए तैयार है जो सिर्फ़ तुम ही ला सकते हो।

अगला स्तर आपका इंतजार कर रहा है - जाइए और उस पर विजय प्राप्त कीजिए।

बुद्धिमान संशयवादी के लिए स्कोरकार्ड

क्या आप व्यक्तित्व-आधारित ग्राहक सेवा के समर्थक हैं, या अभी भी आपके पास और बेहतर करने की गुंजाइश है? यह समय है एक

मज़ेदार आत्म-मूल्यांकन का! इसे अपने लिए यह आकलन करने का मौका समझें कि आप कितनी दूर तक पहुँच गए हैं और किन क्षेत्रों में सुधार की आवश्यकता है।

अपनी प्रगति पर विचार करने के लिए इस त्वरित प्रश्नोत्तरी में भाग लें। प्रत्येक कथन के लिए स्वयं को एक अंक दें:

1. मैं ग्राहकों का गर्मजोशी और अनोखे ढंग से स्वागत करता हूँ, तथा "मैं आपकी किस प्रकार सहायता कर सकता हूँ?" जैसे सामान्य वाक्यांशों से बचता हूँ।
2. मैं शिकायतों को बोझ के रूप में नहीं बल्कि विश्वास निर्माण के अवसर के रूप में देखता हूं।
3. मैं शिफ्ट के बाद ऊर्जावान महसूस करता हूं, थका हुआ या रोबोट जैसा नहीं।
4. मैं स्क्रिप्ट को दिशा-निर्देश के रूप में उपयोग करता हूं, तथा उसमें अपनी प्रतिभा जोड़कर उसे अपना बना लेता हूं।
5. मैं ऐसे जुड़ाव के क्षण निर्मित करता हूं जिन्हें ग्राहक याद रखते हैं।

स्कोरिंग

- 1-3 अंक: व्यक्तित्व प्रगति पर है - आप वार्मअप कर रहे हैं!
- 4-7 अंक: उभरते व्यक्तित्व निंजा - निखारते रहें।
- 8-10 अंक: प्रमाणित ग्राहक सेवा गुरु - बधाई हो, आपने इसे हासिल कर लिया है!

यह सिर्फ़ एक स्कोरकार्ड नहीं है; यह निरंतर विकास के लिए एक लॉन्चपैड है। अपनी कला को निखारने के हर अवसर का लाभ उठाएँ।

www.ingramcontent.com/pod-product-compliance
Lightning Source LLC
LaVergne TN
LVHW010924051026
849532LV00003B/826
* 9 7 9 8 9 0 0 5 6 6 8 6 3 *